Horst Günther
Das Bücherlesebuch

W0082957

C. Bourdet, *Die alte Wolfenbütteler Bibliothek*, 1886: Eine der schönsten Bibliotheken ist die Herzog-August-Bibliothek in Wolfenbüttel. Aus den Büchersammlungen der Herzöge hervorgegangen, machte der Herzog August (1579–1666) sie zu einer systematisch und möglichst vollständigen Bibliothek aller wichtigen Sachgebiete in den europäischen Sprachen. Er schrieb selbst die Neueingänge in die Bandkataloge, die auf seinem Bücherrad bereitlagen, 20 Bände für ebensoviele Sachgebiete, ließ überall nach Büchern forschen, suchte Doppelanschaffungen zu vermeiden und hohe Preise herabzusetzen. Die Bibliothek war öffentlich. Die Benutzungsordnung hatte nur drei Regeln: die Anordnung der Bücher nicht durcheinanderzubringen, das Entliehene rechtzeitig und unversehrt zurückzubringen und über abweichende Meinungen in den Büchern nicht laut zu lästern. (Es war die Zeit der Konfessionskriege).

Horst Günther

Das Bücherlesebuch

Vom Lesen, Leihen, Sammeln:
von Büchern, die man schon hat,
und solchen, die man
endlich haben will

Verlag Klaus Wagenbach   Berlin

Vordere Umschlaginnenseite:
Putto am Bienenkorb in einem Graduale des Zisterzienserklosters Salem, 1597.
Hintere:
Lesender Apostel, Detail aus dem Altarbild des Meister Conrad von Soest, 1403, in der Stadtkirche von Bad Wildungen.

Wagenbachs Taschenbuch 200 (!)
Originalausgabe

22.–24. Tausend Januar 1994
© 1992 Verlag Klaus Wagenbach, Ahornstraße 4, 10787 Berlin
Umschlaggestaltung Rainer Groothuis
Das Karnickel auf Seite 1 zeichnete Horst Rudolph
Die Abbildungen stellte der Autor zur Verfügung
Gesetzt aus der Korpus Bodoni durch Mega-Satz-Service, Berlin
Gedruckt und gebunden von Wagner, Nördlingen
Gedruckt auf chlorfreiem Papier
Printed in Germany. Alle Rechte vorbehalten
ISBN 3 8031 2200 7

Inhalt

Wenn man vor der Erfindung des Buchdrucks ein Buch haben wollte, so mußte man es selbst abschreiben oder abschreiben lassen. Ein umfangreiches Werk konnte einen geschickten Schreiber leicht zwei Monate beschäftigen. Buchhändler und Handschriftenagenten hielten manches vorrätig und schrieben auf Bestellung. Das Wichtigste waren eine gute Vorlage und fehlerlose Abschrift. Von den wichtigen Autoren wollte man alles haben. Das ergab große Folianten.

Der Handschriftenmaler Jean Miélot. Man beachte die Einzelheiten: die Löcher im Schreibpult für Tintenfaß und Federn, das Gewicht, das die Vorlage hält, die Fußmatte und die Truhe mit Schriftenrolle und Kodizes. Das Feuer brennt nicht – die Erträge der Arbeit sind karg.
(Miniatur von Jean Le Tavernier von Brügge, um 1450. Bibliothèque Royale, Brüssel, Handschriftenabteilung)

Lesen

Immer wieder, wenn das Auge über die Schrift gleitet, ist ein Abenteuer möglich. In der Masse gleichgültiger Buchstaben formt sich ein Wort, ein Satz, der einem Gedanken die Stimme gibt, die uns erreicht. Auch von weit her und aus zeitlicher Ferne. Da spricht einer so, daß man mehr davon hören möchte. Ich lese Sätze, worin ›ich‹ steht, aber ein anderer hat sie geschrieben, und versuchsweise trete ich an seine Stelle, und seine Erfahrung wird meine.

Das gelingt nicht immer, und das muß nicht am Leser oder am Buch liegen. Auch Menschen können beziehungslos aufeinandertreffen. So stießen einmal Marcel Proust und James Joyce nächtlich im Auto gemeinsamer Bekannter aufeinander. Sie stellten sich vor, jeder entschuldigte sich, daß er des anderen Werk nicht gelesen habe, und um das Schweigen danach zu überbrücken, fragte der sehr wohlerzogene Marcel Proust etwas, das sich nicht auf Literatur bezieht: »Lieben Sie Austern?« und James Joyce konnte erleichtert Ja sagen. Im ganzen gesehen ist das doch ein Glück für die Literaturgeschichte.

Die Hand blättert weiter, greift zu einem anderen Buch, das Auge hält inne und folgt aufmerksam den Zeilen: Jetzt wird gelesen. Die Schrift wird Sprache, der Gedanke wird faßlich, und wir sind mitten darin. Hier geschieht etwas, und keiner darf uns stören. Das ist mein Buch. Seine Erfahrung teile ich, seine Sprache eigne ich mir an.

Bücher sind kein Ersatz für etwas anderes. Zwar schmökern viele Leute, wenn sonst nichts passiert, und manche, die mit einer elenden Welt nicht fertig werden, ziehen literarische Welten vor, worin der Schmerz nicht so weh tut und die Jahre rascher vergehen. Als es noch kaum andere Medien gab, warnte man die Jugend vor allem vor »betäubender« Lektüre. Heute, zwischen der Fülle der Töne und bewegten Bilder um uns, gilt das Lesen eher als individuell und aktiv.

Bücher haben ihre eigene Realität. Sie öffnen den Zugang zu Plätzen, wohin keine asphaltierte Straße führt und kein Raumschiff dringt. Sie schaffen Erkenntnis, die ohne die Darstellungsformen, die das Buch entwickelt hat, nicht so oder überhaupt nicht da wäre. Sie bewahren die Erkenntnis auf und machen sie unabhängig von der Vergänglichkeit. Einst war Poesie Gesang, dann wurde sie zum Buch. Das kostete Opfer, aber es befreite die Dichter von der Selbstdarstellung. Und wenn sie seither nicht bei Stimme sind, wenn sie schwäbeln, sächseln, hüsteln, fisteln oder säuseln, wenn sie eitel oder Scheusäler sind, so muß das ihrem Werk nicht schaden.

Bücher greifen ins Leben ein. Das Lesenlernen ist im Kindesalter eine der gewaltigen Erfahrungsschwellen; die Anstrengung vergißt man später. Wie das Laufenlernen über den Raum verfügen läßt, so beherrscht der, der lesen kann, unabhängig von den Dingen die Welt der Vorstellungen. Aber er wird auch von ihr beherrscht. Das fängt ganz früh und elementar an. Orientierung im Denken, Ängste und Sehnsüchte, Identifikation und Abwehr geschehen nicht nur handelnd, sondern auch symbolisch, im Spiel und beim Lesen. Mit den ersten Stücken im ersten Lesebuch werden Weichen gestellt.

Beim Lesen kommt die innere Welt mit der äußeren in Zusammenhang, so gewinnt das Buch eine eigene Wirklichkeit. In den frühen Kulturen wurde oft zuerst das aufgezeichnet, was doch alle wußten: Gebote, Gesetze und Mythen. Und das Lesen geriet oft zur autoritativen Auslegung, der es an belebendem Geist fehlte. Wer anders deutete oder auch nur anderes las, kam in den Geruch der Ketzerei.

Die Erfindung der Schrift (Abzuraten)

Viele Dinge muß man sich im Augenblick ihrer Entstehung vorstellen, um sie in ihrem Ausmaß und in ihrer Tragweite zu begreifen. Nun war, wie bei den meisten anderen Erfindungen, auch bei der der Schrift niemand dabei. Die Erklärungen der Historiker wechseln mit dem Tag, der Mythos bleibt. So läßt Platon, der selbst schrieb und die künstlerische Form des lebendigen Gesprächs erfunden hat, den Sokrates, der nichts schrieb, die Erfindung der Schrift erzählen. Im Dialog *Phaidros*, einem der schönsten, der auch von der Schönheit handelt.

Ein ägyptischer Gott, so erzählt Sokrates, habe die Schriftzeichen erfunden und sei ganz stolz darüber zum König gelaufen, um ihm die Erfindung zur Billigung vorzulegen. Der weise König warnt vor dem Gebrauch der Schrift, die das Erinnern erleichtert, aber das Gedächtnis zerstört. Die Menschen glauben, mit den Buchstaben den Geist zu bewahren, obwohl schon die richtige Betonung, geschweige der lebendige Hauch und die sinnvolle Auslegung verlorengehen. Wenn es später im Neuen Testament heißen wird: »Der Buchstabe tötet, aber der Geist macht lebendig«, so ist das gut platonisch.

Die Gefahr der Buchstaben ist erkannt. Mit der Schrift ist das Verständnis noch lange nicht gesichert. Auch in der musikalischen Partitur stehen alle Noten, und dazu noch Tempobezeichnungen. Aber erfahrene Musiker sagen von ihren Schülern, die das Technische längst beherrschen: Erst spielen sie nur Druckerschwärze. Dann kommt die Interpretation, und die kann man weder durch Wörter definieren, noch den großen Virtuosen nachahmen. Und weil das nicht einfach ist und neben dem Talent auch Mut und Ausdauer erfordert, gibt es viele nette Menschen, die schlechte Musikanten sind. Glücklicherweise hört einen beim Lesen keiner. Deswegen kann und soll man sich sehr früh an wirkliche Poesie, an Meisterwerke der Literatur wagen, und kann sie ahnend und staunend mit großem Gewinn lesen. Das schließt ja nicht aus, daß man sie bei wiederholtem Lesen besser versteht. Es gibt nichts Schlimmeres für einen jungen Menschen, als ihm zu einem Buch, das ihn beschäftigt, zu sagen: Das verstehst du noch nicht. Wenn er es nicht verstünde, würde es ihn langweilen und er legte es beiseite. Wer mit Interesse liest, versteht etwas davon.

Denn das unterscheidet das Lesen von Büchern vom Lesen einer Partitur: Es setzt weniger Technik voraus, und das Verständnis kommt weniger von außen, durch Unterricht und große Meister.

Man wächst an den Büchern. Man beginnt mit ganz großen, manchmal in vereinfachter Form (siehe: Weltliteratur beginnt im Kinderzimmer, S. 31). Und darauf kommt man zurück, während man andere Bücher hinter sich läßt. Man kann über

musikalische Werke und auch über ihre Interpretation durch
Hören und Vergleichen ein gutes und sicheres Urteil gewinnen,
ohne technische Ausbildung, so wie man auch über Malerei
urteilen kann, ohne selbst zu malen. Das sonst so erfreuliche
Musizieren oder Malen kann sogar das Urteil trüben, weil man
Dinge bewundert, die einem selbst Schwierigkeiten bereiten,
die beim Künstler aber zum Selbstverständlichen des Metiers
gehören.

Literaturwissenschaftler schreiben oft schlecht oder prätentiös. Weniger professionelle Menschen, mit bescheidener Lektüre, erzählen oft und schreiben manchmal sogar erstaunlich sicher, wenn sie im Kreis ihrer Erfahrung bleiben.

Wonne des Lesens

Unter diesem Stichwort beschreibt Karl Philipp Moritz in
seinem autobiographischen Roman *Anton Reiser* die ersten
selbsterworbenen Glücksgefühle einer wenig glücklichen
Kindheit. Die Bücher helfen ihm aus der eigenen Bedrängtheit
in die Weite der Übersicht über Länder und Zeiten, aus der
Sprache der Bedürfnisse des gemeinen Lebens in die Poesie,
aus der Vereinzelung seines verwundeten Selbst in die Einsicht,
daß Schmerz und Leiden zum gemeinsamen Charakter des
Menschen gehören.

Damals, um 1770, war Shakespeare die große Entdeckung
auf dem deutschen Theater. In einer farblos engen Welt unterdrückter Gefühle entdeckte man an Shakespeare die Instrumentierung großer Gefühle. Daß Menschen sich so auszusprechen vermögen und von ihren Leidenschaften in höchster
Bewußtheit bis über die Grenze von Verbrechen, Wahnsinn,
Tod getrieben werden, ohne daß es religiös bemäntelt oder politisch verklärt wäre, war neu, und ermutigend.

Ähnlich intensiv und prägend hatte Rousseau, dessen Mutter bei der Geburt gestorben war, in langen Nächten mit dem
Vater die Wonne des Lesens genossen. Ihm boten Plutarchs
Heldenleben aus der griechischen und römischen Antike die

großen Gefühle, die edle Haltung, das Zusammenfassen einer Existenz auf ein Ziel des Gemeinwohls; alles Dinge, die das reale Leben einem Lehrjungen aus der Unterschicht verweigert. Beidemal ist das Lesen nicht Flucht oder Ersatz, weshalb es strengen Pädagogen bedenklich bis gefährlich schien. Sie erschaffen sich beide, ohne es noch recht zu wissen, das Bild einer künftigen Welt, zu der vergangene Werke den Anstoß geben. Die Zeit des Rokoko erscheint uns leicht als verspielt und unernst. In einer Umwelt, die beides nicht war, wirken diese jugendlichen Seelen bereits mit, eine neue Instanz gegen ihre eigene Epoche zu errichten.

Eine lebendigere und stärkere Philosophie der Politik und der Kunst bereitet sich vor. Das frühe Lesen bedeutender Schriften spielt dabei eine entscheidende Rolle. Es weitet den inneren Raum des Fühlens und Denkens. Es schafft einen Maßstab, vor dem sich alles andere und die eigene Zeit mit ihren Bedingtheiten und Kompromissen zu bewähren haben. Und damit wird eine Kraft des Widerstands entwickelt. Das war und (wo die Gesellschaft nicht von allen guten Geistern verlassen ist) bleibt das Geheimnis der klassischen Lektüre neben und in der Schule.

Clever werden die einen rasch von selbst, und die anderen werden es auch nicht durch Unterricht. Den jüngsten Roman, der sich geläufig auf unsere Zeit bezieht, versteht man auch so. Und alles andere, was aus dem Gegenwärtigen schöpft. Die weltfremde Schule der Grammatik und toten Sprachen verhalf manchmal dazu, am Gegenbild einer kritischen Instanz zur eigenen Zeit mitzuwirken. Das Wichtigste dabei ist diese unglaubliche Intensität jugendlicher Lektüre, die noch nicht relativiert. Aber um den hohen Maßstab zu bilden, muß sie an erstklassige Werke geraten und deren Fremdheit überwinden (und wenn sie dem Bildungskanon eingegliedert wurden, muß sie umgekehrt die scheinbare Selbstverständlichkeit zerstören).

Lesen ist gefährlich

Wir gewöhnen uns zu schnell daran, daß sich die Erfahrung der
Welt in Büchern konserviert und durch Bücher vermittelt. Uns
begegnen die Bücher in großer Menge, in ermüdender Vielfalt
und Wiederholung und stapelweise. Man kann sich einmal die
Welt vor Augen führen, als Bücher selten und geheimnisvoll
waren. Nur wenige konnten lesen. Die Herstellung eines einzigen Buches dauerte Wochen des Schreibens, und dabei mußten
die Vorarbeiten längst geleistet sein. Die Schafe oder Ziegen
geschlachtet, aus ihren Häuten das Pergament bereitet und
liniert. Dazu die Tinte und die Federkiele. Ging es um ein
Exemplar, so schrieb einer es nach dem Vorbild ab, oft ohne es
zu verstehen. Randbemerkungen eines Lesers etwa konnten in
den Text des Autors eingefügt werden, Lesefehler, Zeilen-
sprünge usw.

Brauchte man mehrere Exemplare, so las einer den Text vor,
und die anderen schrieben ihn, nun mit der Gefahr von Hörfeh-
lern, Verwechslungen von Laut und Sinn usw. Das Ergebnis
war kostbar und selten, man mußte weit suchen, um ein
bestimmtes Buch zu finden. In den wenigen guten Bibliotheken wurden die wichtigen Werke angekettet, damit sie nicht
verlegt und verschleppt würden; von einem Buch zehrten viele.
Lange Zeit las man laut, und man las oft zusammen. Bücher
wurden mit ihrem Inhalt identifiziert. Heilige Schriften waren
heilige Gegenstände. Vergil galt als Zauberer.

Dante berichtet in der *Göttlichen Komödie* von einer gefährlichen Lektüre. Nur »zum Vergnügen« lasen Francesca und
Paolo da Rimini, ihr Schwager, in dem höfischen Roman des
Lancelot du Lac. »Wir waren ganz allein und ohne Arg. Zum
öftern trafen schon sich unsere Blicke beim Lesen, es entfärbte
sich das Antlitz. Doch was uns ganz besiegte, war die Stelle, da
man liest, wie das ersehnte Lächeln ein Kuß der hohen Liebenden erweckt. Da küßte mich, der sich nie von mir trennt, ganz
bebend auf den Mund. Verführer wurde uns das Buch und der's
geschrieben hatte.« –
»An diesem Tage lasen wir nicht weiter.«

Das macht auf Dante einen ungeheuren Eindruck. Er ist bei
seiner Reise durch das Jenseits – Unterwelt, Fegefeuer und
Paradies – noch nicht weit gekommen (Inferno, 5. Gesang). Es
sind höfische Liebende, denen er begegnet. Ihr Seufzen läßt
ihn voller Schwermut weinen. Aber ihn leitet die Suche nach
Erkenntnis, und so muß er nach der Ursache ihres Leidens fragen. Und während Francescas Schatten ihm Bericht erstattet,
weint in höllischer Qual und seliger Erinnerung der Schatten
Paolos so, »daß ich vor Mitleid ohnmächtig wurde, als ob ich
stürbe, und niederfiel, wie tote Körper fallen«.

Das sind wir nicht gewohnt. Schriftsteller des Schreckens
spielen seither die Tapferen. Dante wird auf seiner nie zuvor
gewagten Jenseitsreise mehrfach, wie er berichtet, ohnmächtig.
Er teilt Entsetzen, Abscheu, Hohn und Mitleid jeweils mit. Er
kann nicht den kühlen Beobachter spielen. Neuere Autoren
hätten davor Angst, eine Ohnmacht wäre wie eine Sendestö-
rung im Funk. In diesem Buch hingegen, in dem sehr viel
Erschreckenderes geschildert wird, ist ein Kuß die Sünde, die
über die Verdammung entscheidet. Anlaß, Verführer, waren
das Buch und sein Autor.

Das Buch im Buch. Der Leser nimmt, vielleicht mit einer
Leserin, an der Lektüre teil. Francesca schildert, wie ihr und
Paolo geschah, als sie gemeinsam lasen und das Gelesene ihr
unausgesprochenes Gefühl in Worte und zur Tat brachte, zur
Sünde und ewigen Verdammnis. An manchen Stellen warnt
Dante den Leser vor der gefährlichen Fahrt.

Don Quijote war durch übermäßiges Lesen von Ritterbü-
chern, die er ernst genommen hatte, um den Verstand gekommen. Deshalb verbrennt der Pfarrer mit der Magd die gefährlichen Schriften. Ein großes ironisches Werk der Literatur
beginnt mit einer Bücherverbrennung. Und wie der Pfarrer
einige der Bücher nennt, kommentiert und ein paar vor dem
Feuer rettet, entsteht eine merkwürdige Bibliographie mit der
Empfehlung von ein paar Büchern, durch die man anscheinend
nicht närrisch wird. Das beste sei der (erst jüngst ins Deutsche
übersetzte) *Roman vom weißen Ritter*, *Tirant lo Blanch*, von
dem Katalanen Martorell.

Lesen, wie und wo?

Nicht im Bett [Einspruch des Verlegers: man kann neben Francesca nichtnur sitzen, sondern auch liegen], da hat man anderes zu tun, und vor allem nicht beim Essen, das ist zum Himmel schreiendes Elend von Junggesellen und Strohwitwern. In Klöstern und in Thomas Morus' *Utopia* wird bei Tisch vorgelesen, aber von einem, der nicht gleichzeitig ißt. Einer der wenigen Fortschritte der Neuzeit besteht in der Erfindung der Tafelmusik.

Die Freuden des Lesens im Freien sind begrenzt. Es darf nicht regnen, nicht kühl werden, und man sollte auch nicht auf einer Ameisenstraße lagern oder zwischen Blüten, die die Hummeln lieben. Ganze Kontinente sind von der Natur benachteiligt oder von der Vorsehung zur Disziplin aufgerufen. Vladimir Nabokov, der als Schmetterlingssammler große Strecken des amerikanischen Festlands bereiste, macht einmal die Bemerkung, daß man vor lauter Insekten dort fast nirgendwo im Freien lieben könne. Das gilt auch für die Lektüre: In Europa sind die Straßen zu dicht, in Afrika blendet das Licht und stört die Hitze, im indischen Monsunregen lösen sich die Bücher auf...

So bleiben die gemäßigte Zone und meist der geschlossene Raum. Auch wenn er klein ist und sich bewegt. Napoleon hatte auf seinen Feldzügen eine kleine Reisebibliothek in der Kutsche, der Wechsel vom gelehrten Barock zur kritischen Aufklärung hatte bereits die gewichtigen Foliobände durch elegante und leichte Kleinoktavbände ersetzt. Sowie er ein Buch ausgelesen hatte, warf er es aus dem Kutschenfenster, ein geschickter Adjutant zu Pferde fing es auf, und so machte es die Runde durch die höheren und niederen Ränge des Heeres.

Langsames und schnelles Lesen

Man liest in verschiedenen Geschwindigkeiten. Früher, in den alten Handschriften, waren die Wörter kaum getrennt, und Satzzeichen fehlten oft. Wie Kinder beim Lesenlernen mußte man das Wort zusammensetzen und sprechen, um es zu verstehen. Augustinus erzählt in seinen *Bekenntnissen* vom Bischof Ambrosius, der zu seinem Erstaunen still las, und er macht sich Gedanken über die Gründe, ob etwa ein vielbeschäftigter Mann wie dieser vermeiden wolle, daß die anderen wissen, was er gerade lese.

Inzwischen bieten Umwelt und Medien ein allgemeines Reaktionstraining, Wahrnehmung beschleunigt sich. Auch ohne spezielle Kurse im Schnell-Lesen gewöhnen sich viele daran, die schmalen Zeitungsspalten fast vertikal und weniger wichtige Texte »diagonal« zu lesen und doch die gesuchten Stichworte oder den allgemeinen Zusammenhang nicht zu vergessen.

Unterscheiden ist wichtig. Texte verschiedener Qualität erfordern unterschiedliche Lesegeschwindigkeiten. Darf man bei den einen seine Zeit nicht verlieren, so sind andere der höchsten ungeteilten Aufmerksamkeit und der wiederholten Lektüre bedürftig. Es gibt Satzperioden, die muß man beim Lesen nachkonstruieren. Es gibt Begriffe, die auf wenigen Seiten vielfältig im Gebrauch wechseln oder andere Bedeutungen annehmen. Es gibt Satzkonstruktionen, die klar sind und keine besondere Anstrengung erfordern, aber es schreibt sie heute keiner mehr, und daher lohnt es zu sehen, wie sie gebaut sind.

Kennerschaft und Vergnügen an schönen Bildern gewinnt man nicht, wenn man durch Museen rennt. Man muß stehenbleiben, vergleichen, sehen, wie es gemacht ist. Welche Wirkungen Linien und Farben auf einer Fläche hervorbringen und wie sie Licht und Raum, Bewegung und Energie, Stimmung und Schönheit, Stil und Erkenntnis schaffen. Man muß sehen lernen. Ebenso ist es mit den Büchern: Man muß lesen lernen. Ein leidenschaftlicher Leser gestand im hohen Alter über diese Kunst: Ich bin jetzt achtzig Jahre, und ich bin immer noch nicht damit am Ende. Goethe war es.

Womit üben Bücher Spannung, Rührung, Heiterkeit aus? Was unterscheidet die, die nur glatt hinuntergehen, von den anderen, gewichtigeren? Oft, nach der ersten Übereinstimmung, teilen wir Gefühle und Meinungen nicht mehr mit dem Autor. Und der Stoff, die dargestellten Konflikte und Probleme interessieren uns nicht mehr, oder wir sehen sie mit anderen Augen.

Das ist das Eigenartige, wenn Menschen sich entwickeln: Sie lassen lächelnd Dinge hinter sich, die ihnen einmal sehr zu Herzen gingen. Sie nehmen anderes ernst, und ein wenig staunen sie, daß die Welt im ganzen weitergeht, aber jeder einzelne wieder von vorn anfängt. Auch unter den schnell gelesenen, den rasch verschlungenen Büchern können sehr gute sein, die das Abstandnehmen, Prüfen und langsame Wiederlesen verkraften. Da beruhte die erste Sogwirkung nicht auf faulem Zauber, sondern auf der wirklichen Magie des Stils.

Um ein Gefühl für Stil zu entwickeln, muß man vielleicht nicht sehr viel gelesen, aber doch einiges verglichen und geprüft und manches gut und gründlich wiedergelesen haben. Ich glaube nicht, wie manche Literaturkritiker behaupten, daß man ganze Berge schlechter Bücher kennen muß, um die guten und ganz großen wirklich zu schätzen. Das ist professioneller Masochismus. Auch gibt es nicht einfach gute und schlechte. Viele Bücher sind es wert, daß man ein kurzes Stück daraus mit voller Aufmerksamkeit liest, auch wenn man für das ganze keine Zeit findet.

Man kann auch nicht mit allen Menschen, die man trifft, seine Zeit verbringen, aber solange man mit ihnen spricht, verdienen sie unsere ungeteilte Aufmerksamkeit. Bücher sind nicht die Menschen selbst und kein Ersatz für sie. Sie gehören aber zu den Hervorbringungen des Geistes, worin ein Mensch sich mit den Wörtern, die allen anderen auch gehören, am eigentümlichsten und vollständigsten zum Ausdruck bringt.

So stellt sich die Frage: Wie kommt man an Bücher?

Jäger und Sammler

Wie die Frühgeschichte der Menschen fängt auch die der Leser
mit einem wilden und schweifenden, begehrlichen Bedürfnis
an. Vorlesen, Lesen, ja. Aber niemand schreibt sich gleich seine
eigenen Bücher, um dieses Begehren zu stillen. Man ist im
Zustand der Jäger und Sammler. Das Buch erweckt die Neugier, und man bekommt nie genug vorgelesen. Für das Kind ist
das Buch in der Verfügungsgewalt der Erwachsenen und ein
Gegenstand raffinierter Verhandlungen – Erpressung, Trost
und das Hinauszögern der Schlafenszeit. Bücher verbinden
sich mit den Abenden und dem Winter. Verschenkt werden sie,
weit über die Kindheit hinaus, vorwiegend zu Weihnachten.

Das Buch ist der erste abstrahierende Gegenstand, der nach
den Schmusetieren und dem Spielzeug in die kindliche Welt
dringt. Es ist kein Ding wie andere, sondern eines, das Vorstellungen eröffnet, imaginäre Welten, und mit Wörtern spielt, die
keine Anweisung enthalten. Aber wie alle anderen Dinge will
das Kind in uns sie besitzen. Freilich muß man erst einmal wissen, welche Bücher man haben will. Dazu muß man sie kennenlernen.

Unsere Kultur hat zwei kostbare Einrichtungen geschaffen,
um Bücher, die man noch nicht hat oder die man kennen, aber
gar nicht haben will, zu erschließen. Die Buchhandlung und die
Bibliothek.

Besitzen und/oder Benutzen?
Buchhandlung und Bibliothek

Bücher zieht man nicht am Automaten. Und selbst wenn sie
über den Computerkatalog bestellt werden wie in großen
Bibliotheken, ist da ein langer Weg menschlicher Arbeit, Sachkenntnis und Liebe zum Buch. Daher lernt man sehr schnell
neben den Büchern alle diejenigen lieben, die den Umgang mit
ihnen menschlich machen, die Buchhändlerinnen, Bibliothe-
karinnen und ihre männlichen Kollegen.

Wir alle wären viel gesünder, wenn überall dort, wo heute eine Apotheke steht, eine Buchhandlung mit gutem Sortiment stünde und weise Ärzte in vielen Fällen das richtige Buch verschreiben würden... So ist es leider nicht, aber doch gibt es Buchhandlungen mit einem einfallsreichen Sortiment und Buchhändler(innen) mit einer Engelsgeduld, die ihre Kunden blättern, schmökern, wählen lassen und dazu noch mit Sachverstand und Geschmack beraten können. In kleineren Städten und dort, wo gut ausgestattete Bibliotheken immer noch nicht eingerichtet sind, erfüllen die Buchhandlungen um so deutlicher eine öffentliche Funktion. Bücher lernt man selten aus Rezensionen und gar nicht aus Buchanzeigen kennen. Man muß sie sehen, einen Blick hineinwerfen, ein Stück lesen. Und zwar wirkliche Bücher und nicht die aufgeblähten Illustrierten mit festem Deckel, die stapelweise angeboten werden.

Buchhandlung und Bibliothek sind keine Konkurrenz, sondern sie ergänzen sich. Gerade in den großen Bibliotheken für die wissenschaftliche Benutzung braucht ein Buch immer noch viel zu lange, bis es bearbeitet und ausleihbar ist, und dann ist es nur einmal da; die lebendige Literatur kreist deswegen um die Buchhandlung. Die gut sortierte, am Aktuellen interessierte Stadtbibliothek erweckt hingegen bei manchem den Wunsch, das gelesene Buch zu besitzen, zu verschenken, und da ist wieder die Buchhandlung gefordert.

Jedes Buch ist ein Individuum. Und es gibt entsetzlich viele. Buchhändler(innen) verdienen Bewunderung für den Mut, es mit dieser Menge aufzunehmen, und Dank für ihre Großzügigkeit, die geistigen Schätze der Welt zugänglich zu machen.

Aber ein Leser benutzt und braucht viel mehr Bücher, als er kaufen und um sich herum aufstellen könnte. Neben den Büchern, mit denen man arbeitet, und denen, die man zum Vergnügen liest und wieder lesen möchte, gibt es viele andere. Solche, die man einmal liest und nicht mehr braucht, solche, in denen man etwas nachschlägt, die man zur Kenntnis genommen haben muß, und dann noch Bücher, die man nicht mehr kaufen kann, alte Bücher, die nicht mehr im Handel sind, fremdsprachige usw.

Für alle diese Bücher gibt es die öffentlichen Bibliotheken. Man muß nur wissen, wie man sie benutzt.

Öffentliche Bibliotheken

Es gibt Menschen, die behaupten, Utopien seien unwirklich. Das sind die, die noch nie mit Bewußtsein eine öffentliche Bibliothek betreten haben. Daß jedes wichtige Buch in den uns vertrauten Sprachen jedem Menschen ohne Unterschied kostenlos zugänglich gemacht wird, ist keine kleine Sache. Und daß viele Bibliotheken, in Deutschland gerade auch die wissenschaftlichen, großzügig zahlreiche Bände für eine vernünftige Frist ausleihen, ist keineswegs überall selbstverständlich.

»Na, da ist doch wieder ein Wochenende gerettet«, sagte einer der besonders liebenswürdigen Beamten in der Ausleihe der Bibliothek der Freien Universität Berlin manchmal, wenn er Freitag abends einen Stoß Bücher an die Theke brachte, und überschlug die Kosten anderer Vergnügungen in der großen Stadt.

Auf der guten Ausstattung der Bibliotheken, jedes wichtige Buch anschaffen zu können, und auf der Großzügigkeit ihrer Ausleihe beruhen das wissenschaftliche Niveau und die geistige Kultur einer Nation. Universitätspräsidenten und Politiker, die das nicht begreifen, richten Schaden an, der sich nur schwer wiedergutmachen läßt.

Es genügt auch nicht, daß ein wichtiges Buch einmal irgendwo vorhanden ist und über kostspielige Recherchen und Fernleihe zeitraubend herangeschafft werden kann. Es hat dort seinen Platz, wo mehrere tausend werdende Wissenschaftler (das sind die Studenten) und immer noch tätige Wissenschaftler (Dozenten) beisammen sind wie an jeder Universität.

Aber der erste Zugang und der wichtigste für die meisten Leser ist die nächstgelegene öffentliche Bibliothek, die Stadt-, Bezirks- oder Landesbibliothek. Und daneben haben Schulen, Kirchen, Betriebe manchmal ganz ansehnliche Bibliotheken. Die Kinderbücher, die Romane zum Schmökern und die Weltliteratur, die Hobbybücher und ordentliche Fachliteratur findet man da. Denn die »normalen« Bücher zum Lesen haben die großen und berühmten Bibliotheken gar nicht. Oder wenn sie dort ausgeliehen sind, dann lohnt es sich, in der kleineren Bibliothek nachzufragen.

Studenten etwa, und besonders die der Geisteswissenschaften, müssen da ein bißchen Spürsinn entwickeln. Wird einmal ein Buch öffentlich diskutiert, dann ist es in der Universitätsbibliothek längst ausgeliehen, und in der Stadtbibliothek klagt man darüber, daß solche Bücher nicht entliehen und deshalb nach einer gewissen Zeit aussortiert werden, um Platz zu schaffen. Viele Bücher berühren mehrere Fächer, und man findet sie deshalb in mehreren Institutsbibliotheken, wo man sie am Standort lesen kann, wenn sie in der Universitätsbibliothek ausgeliehen sind. Der Standort hat aber hier den Vorteil, daß die dazugehörigen Bücher des gleichen Sachgebiets und die neue Forschungsliteratur gleich daneben stehen.

Die Ausleihe

Studenten haben (mit der Immatrikulation) das Recht zur unbeschränkten Benutzung ihrer Universitätsbibliothek und der Institutsbibliotheken, nicht nur ihrer Fächer. Nur machen vom Bürgerrecht der Neugier so wenige Gebrauch, daß man es vergißt in der »universitas litterarum«. Und allen, die nicht Student sind, noch nicht oder nicht mehr, muß man ein wenig Mut machen zum Bürgerrecht auf Bücher.

Bei den kleinen Bibliotheken ist das kein Problem. Die sind nah, offen und einladend. Nur manchmal will der Leser Bücher haben, die es dort nicht gibt. Einzelne Stadtbibliotheken sind mit der nächsten Landesbibliothek verbunden. Dieser Leihdienst funktioniert oft ganz ausgezeichnet, besonders, wenn die Bibliothek jung ist und noch gar keinen großen Fundus haben kann. Dann besorgt man ohne Zögern jedes gewünschte Buch. Bei großen Bibliotheken ist das schwieriger. Für das, was sie nicht selbst besitzen, sind sie nur an die allgemeine, sehr umständliche und kostspielige Fernleihe angeschlossen (siehe den folgenden Abschnitt). Aber sie haben ja auch selber sehr viel, und oft sogar ein wirklich besseres oder neueres Buch über das gleiche Thema, eine andere Ausgabe des Textes, den man sucht.

Mut machen muß man ein wenig, weil die alten Bibliotheken mit ihren schweren Türen und hohen, düsteren Fluren Uneingeweihte erst einmal abschrecken. Das ist aber bei der Schatzsuche wie bei schlafenden Prinzessinnen ganz natürlich. Bücher sind für jedermann zugänglich, aber das Recht auf sie muß man sich oft erst erobern, wenn auch auf friedliche Weise. Die Universitätsbibliotheken verlangen von denen, die nicht Student sind oder ihrem Lehrkörper angehören, eine Bürgschaft (in Form einer simplen Unterschrift), weil sie so großzügig ausleihen. Hat man einmal den Benutzerausweis, so kann man jedes Buch ausleihen (wenn es nicht älter als 100 Jahre oder von heiklem Erhaltungszustand ist).

Dieses herrliche Recht, das jedem die Bücherschätze der Welt erschließt, beruht wie unser Gemeinwohl auf einem Gesellschaftsvertrag: daß jeder den gemeinsamen Besitz wie seinen eigenen achtet, schonend behandelt und die Leihfristen einhält. Jeder, der Bücher beschädigt, durch Anstreichungen verschmiert oder sie verschlampt, schädigt nicht die Bibliothek, sondern sich selbst und alle anderen Benutzer, weil sich die Verwaltung durch Restriktionen der Ausleihe wehrt.

Zunächst einmal gelangt der Benutzer in den Katalogsaal. Da findet er in jedem Fall einen alphabetischen Katalog der Autoren als Zettelkatalog in vielen Kästen oder inzwischen, für die Neuanschaffungen, als Mikrofiche oder als Computerkatalog. Das ist alles nicht so schwierig, wie es aussieht, sondern setzt kaum mehr als die Kenntnis des Alphabets voraus. Im Zettelkatalog hat jedes Buch eine Karteikarte. Beim Mikrofiche sind einige hundert auf der postkartengroßen Platte, die man in ein Lesegerät schiebt. In der Ecke rechts unten ist das Register, das anzeigt, auf welchem der durch Buchstaben und Zahlen bezeichneten bildschirmgroßen Felder man den gesuchten Autor findet.

Computerkataloge sind noch einfacher. Sie ersparen das Hin- und Herlaufen an den Zettelkästen und das Geschiebe der stets bald veralteten Mikrofiches. Am Computer muß man mit einem Buchstabensymbol die Kategorie (Autor, Titel, Sachgebiet) eingeben und dann wie auf einer Schreibmaschine den gewünschten Autor oder Titel auf die Tastatur tippen. Und schon erscheint das Gesuchte mit der Signatur, und dazu die anderen Bücher des Autors oder des Sachgebiets.

Ein wichtiges Instrument für die Buchhandlungen und auch die Bibliotheken ist das große, mehrbändige Verzeichnis lieferbarer Bücher (VLB), das jedes Jahr neu herauskommt. Da sind inzwischen die Autoren und die Schlagworte bzw. Titel in ein Alphabet geordnet. Es hat zwei Grenzen, es enthält nur die Bücher in deutscher Sprache und nur die, die man auch gerade kaufen kann. Ist ein Buch schon vergriffen und noch nicht wiederaufgelegt, so kann es die Buchhandlung nicht besorgen, und dann ist wieder die Bibliothek gefragt.

Die großen Bibliotheken haben einen gedruckten Katalog aller je in Deutschland erschienenen Bücher und die Nationalkataloge der anderen Literaturen und neben vielen thematischen Bibliographien auch einen nach Jahrgängen geführten Katalog der Zeitschriftenliteratur. Denn das ist das Übelste, wenn man nur weiß: da hat doch einer mal in irgendeiner Zeitschrift über dieses Thema geschrieben, aber wie diese Zeitschrift heißt und in welchem Jahrgang das war, hat man natürlich vergessen. Weil es viele Zeitschriftenaufsätze gibt, ist das natürlich umfangreich. Deshalb drücken sich auch die meisten Leute darum und suchen in dem neuesten Buch über das gleiche Thema im Literaturverzeichnis nach. Aber wenn der Autor das auch nicht gefunden hat, dann muß man selber an die Arbeit.

Wenn man den Autor kennt, ist die Frage, ob unsere Bibliothek das Buch besitzt. Hat man ein Thema, ein Sachgebiet, so beginnt eine Expedition ins Unbekannte. Ein Katalogsaal besitzt Nachschlagewerke und manchmal einen Sachkatalog.

Ein Sachkatalog ist etwas Wunderbares – und das Ergebnis unendlicher Arbeit der Bibliothekare. Alte Bibliotheken haben handschriftliche Sachkataloge, in die mit Tinte die Bestände nach den damaligen Ordnungsprinzipien eingetragen wurden. Da ist hinreißend nachzulesen, aber nicht immer sehr effizient. Dann gab es Bandkataloge mit beweglichen Zetteln, die man bei Neuzugängen umgruppieren konnte. Auch dort kann man erstaunliche Entdeckungen machen und viel über die frühere Einteilung der Wissenschaften erfahren.

Inzwischen gibt es auf Karteikarten oder im Computer den Schlagwortkatalog nach Stichwörtern. Der erfaßt aber oft nur die neueren Titel, und auch da muß man die Einteilungsprinzipien kennen. Die gibt es in der Regel als Heft gedruckt. Aber es lohnt immer, vieles auszuprobieren und die erfahrenen Bibliothekar(innen) zu fragen.

Oft ist der Weg über Nachschlagewerke, neuere Lexika und Fachbibliographien einfacher. Die gruppieren die Bücher, die zu einem Thema oder Autor erschienen sind, und oft auch die Zeitschriftenaufsätze. Der Sachkatalog einer Bibliothek dagegen ordnet nur die Bücher, die in dieser Bibliothek auch vorhanden sind. Und oft tut er es nach einem eigenen System. Sogar die wohlerwogenen Ordnungsprinzipien der Library of Congress in Washington und der Bibliothek des British Museum in London stimmen nicht völlig überein. Die englischsprachigen Bücher haben oft beide in der Form einer Karteikarte auf der Rückseite des Titelblatts gedruckt.

Weil das alles etwas schwierig und verwirrend ist, hat man neben den vielen Bibliographien der überhaupt erschienenen Bücher die Kataloge der in den großen Bibliotheken wirklich vorhandenen Bücher gedruckt. Und jede bessere Bibliothek besitzt diese Kataloge der großen Bibliotheken in Paris, London, Washington und manche andere dazu. Die Nationalbibliotheken drucken Autorenkataloge, die Spezialbibliotheken drucken Sachkataloge. Und die laufende Forschungsliteratur, vor allem aus den wissenschaftlichen Zeitschriften, wird jahrgangsweise in Bibliographien gedruckt.

Man kann bei privater Neugier und für die wissenschaftliche Arbeit von zwei verschiedenen Seiten ausgehen, die sich kombinieren lassen. Das eine sind die Hinweise in Büchern und

Zeitschriften, in den Anmerkungen und Literaturverzeichnissen (da folgt man der Lektüre der anderen). Das zweite sind die Kataloge und Bibliographien, unabhängig davon, ob jemand diese Bücher selbst schon einmal gelesen hat.

Auch da gibt es eine Kultur und Höflichkeit der Hinweise. Manche prunken mit der Vielzahl von Titeln. Andere heben die nützlichen und guten Schriften hervor. Bei entlegenen Themen und alten Büchern, die sehr selten sind, bemerken faire Autoren z. B., ob sie überhaupt im Lande und in welcher Bibliothek vorhanden sind.

In eine Bibliothek soll man mit offenen Augen treten und versuchen, aus dem, was da ist, etwas zu machen. Und dabei nicht vergessen, an ihrem Aufbau mitzuhelfen. Wenn man von einem interessanten Buch gelesen hat, kann man es zur Anschaffung vorschlagen. Die Bibliotheken haben dafür ein Desiderata-Buch. Davon wird meist so selten Gebrauch gemacht, daß die Erfolgschance groß ist.

Fernleihe

Daß man zu einem gesuchten Thema gar nichts findet oder wirklich dringend ein Buch braucht, das eine große Bibliothek nicht besitzt, ist eher selten. Wenn man wissenschaftlich arbeitet, kommt es allerdings häufiger vor. Dafür gibt es zwischen den Universitätsbibliotheken der Bundesrepublik, die innerhalb ihrer Länder mit ihrer Staatsbibliothek zu einem (unvollständigen, nicht auf neuestem Stand befindlichen) Gesamtkatalog zusammenwirken, die Fernleihe. Das ist ein entsetzlich umständliches, kostspieliges und zeitraubendes Verfahren. Deshalb hat jede Bibliothek das Interesse, die Zahl der Fernbestellungen auf das Mindestmaß des Nötigen zu reduzieren. Ein(e) sonst liebenswürdige(r) Bibliothekar(in) muß deshalb den Zerberus spielen und erst einmal fauchen, wenn ein motivierter Student für sein Proseminarreferat die Fernleihe beansprucht: Gibt es andere Ausgaben desselben Textes, Neudrucke des entlegenen Aufsatzes, jüngere Forschungsliteratur,

die die ältere ersetzt, usw.? Die Fachbibliographien, die Verzeichnisse seltener Drucke, all das erschließt sich bei solchen
Rückfragen. Und es ist nicht böser Wille, sondern praktische
Vernunft, Hinweis auf die langen Bearbeitungszeiten. Bei einer
Dissertation oder Publikation ist es schon anders, wenn vollständige Literaturübersicht erforderlich ist, und das machen
die meisten nur einmal im Leben.

Die Umständlichkeit liegt an der Vielfalt der deutschen
Bibliotheken, von denen jede ihre Zeit der Blüte und reichen
Anschaffungen hat und ihre großen Lücken. Andere Länder
haben eine National- oder Zentralbibliothek, und da fährt man
dann gleich selber hin. Aber auch die sind mit der von ihnen
aus gesehen fremdsprachigen Literatur nicht immer gut genug
ausgestattet. Fachbibliotheken, Sondersammlungen treten an
ihre Stelle oder Forschungsreisen ins Ausland.

Wichtig ist, daß jeder, und nicht nur Privilegierte, an die
Bücher herankommt, die er lesen will. Publikum und Politiker
kämpfen um die Erhaltung sehr kostspieliger Theater, deren
künstlerischer Rang nicht immer über jeden Zweifel erhaben
ist. Es lohnt sich, für die Erhaltung und Erweiterung der
Bibliotheksetats zu kämpfen. Denn was einmal versäumt ist,
läßt sich kaum nachholen. Es sollte aber auch in den Bibliotheken für die Vereinfachung und Beschleunigung der Katalogaufnahme und Zugänglichkeit des Buches gekämpft werden.
Jede Bibliothek macht bei jedem Buch noch einmal die gleiche
Arbeit, und so sind die Zeiten unverantwortlich lang, die
Kosten unverantwortlich hoch, bis der Leser endlich an das
Buch herankommt.

Sammeln: die private Bibliothek

Wann wird aus Büchern eine Bibliothek? Glücklichen Kindern
genügt ein Stoß Bilderbücher: Das ist meine Bibliothek! Aber
nur für den Anfang, und dann ist kein Ende abzusehen, bis zur
unendlichen Bibliothek von Babylon, die ein Abbild der Welt
mit ihrer vollständigen Beschreibung und schließlich die Welt
selber wird.

Ich wähle zwei Beispiele: zwei Märchen von zwei schönen
Bibliotheken, eine zum Nulltarif, die andere mit einer gewissen
Investition, die sich aber zu lohnen scheint. Eines der Märchen
stammt aus der Phantasie von Jean Paul, das andere aus der
Wirklichkeit und wurde zunächst von einem Hamburger Bank-
haus und dann vom britischen Steuerzahler finanziert.

Der erstere Eigentümer einer bemerkenswerten Bibliothek
ist das arme, aber glückliche *Schulmeisterlein Maria Wuz* von
Auenthal. Er liebte die Bücher, konnte sie aber nicht kaufen.
So nahm er den zur damaligen Buchmesse erscheinenden Meß-
katalog der Neuerscheinungen einerseits und sein Schreibpa-
pier und die Feder andererseits. Stieß er nun auf einen Titel,
der ihm lockend erschien, so schrieb er sich selber seine *Kritik
der reinen Vernunft* auf ein paar Seiten nieder oder Lavaters
Physiognomische Fragmente.

Das ist reinster deutscher Idealismus. Denn da der Geist in
uns allen derselbe ist und jeder sich die Welt erschafft, so kann
er sich auch die Werke selbst schreiben, statt zum traurigen
Ausleger von Schriften anderer Leute zu werden, new critics,
Hermeneuten, Dekonstruktivisten, oder wie sie sich in ihrer
Verzweiflung nennen mögen.

Der zweite ist Aby Warburg, kein Schulmeisterlein, sondern
Privatgelehrter und desinteressierter Erbe eines Bankhauses.
Er war der Älteste, die Bankgeschäfte überließ er seinen jünge-
ren Brüdern mit der Bitte, ihm doch die Bücher zu bezahlen,
die er für seine Forschungen in Kulturwissenschaften benötige.
Gern, sagten die Brüder, und gewiß dachten sie nicht an das
Linsengericht, für das einst einer seine Erstgeburt verkauft
hatte (wie – damals auch schon sehr lange her – Esau, Jakobs

Sohn im Alten Testament). Aber sie waren doch einigermaßen
überrascht, wie viele Bücher ein Mensch für seine Forschungen
benötigen kann.

Aby Warburg war überzeugt, daß die Energien des Menschen und die symbolischen Darstellungen in Mythologie, Religion, Philosophie und bildenden Künsten zusammengehören.
Und daß die Antike, ihr seltsames Fortleben im Mittelalter und
ihr überraschendes neues verwandeltes Auftreten in der
Renaissance kein Bildungserlebnis ist, sondern mit diesen
Energien zu tun hat.

Dazu gehören viele Bücher, und mit ihnen lassen sich sehr
begrenzte und sehr allgemeine Fragen stellen. Die Aufgabe der
Bibliothek war es, nicht nur diese Bücher zu besitzen, sondern
sie in einer solchen Ordnung aufzustellen, daß aus dem Nebeneinander der Bücher sich die fruchtbaren Fragestellungen der
Forschung ergaben. Das gelingt nicht auf einmal. Und so hat
Aby Warburg nicht nur regelmäßig die Antiquariatskataloge
und die Neuerscheinungen auf dem Buchmarkt studiert, sondern in immer erneuten Ansätzen seine Bücher auf die Fragestellungen hin zu ordnen versucht.

Seine Bibliothek hat er öffentlich zugänglich gemacht, um zu
vielfältigen Forschungen auf diesem weiten Feld einzuladen.
Denn eigentlich gibt es keinen Unterschied zwischen öffentlichen und privaten Bibliotheken. Die großen privaten und
adligen Bibliotheken sind öffentlich geworden. Die von Alex-
andria und Pergamon in der Antike des Hellenismus, die von
Cosimo de' Medici oder dem Herzog von Urbino in der italienischen Renaissance...

Das Gute und doch Traurige an der weiteren Geschichte der
Bibliothek Warburg ist, daß sie nach dem Tod ihres Gründers
vor der Barbarei der Nazis nach London gerettet werden
konnte und dort erhalten und gepflegt wird. Um dort weiter
ihre Aufgabe zu erfüllen, brauchte sie heute unter dem kultur-
ausdörrenden Wüstenwind des englischen Neoliberalismus
kräftigere Unterstützung. Noch trauriger aber ist, daß man im
Nachkriegsdeutschland mit viel größeren öffentlichen Mitteln
zahlreiche wissenschaftliche Bibliotheken aufgebaut hat, aber

stets mit zu engen und falschen Grenzen der Disziplinen. So haben wir viele, gut ausgestattete Bibliotheken, aber keine, worin die Bücher nach Gesichtspunkten der Forschung nebeneinander stünden.

Wenn wir. z. B. Dante ein wenig gründlicher lesen, so brauchen wir nicht so sehr die Bücher über ihn, so schön sie sein mögen, sondern die, die er selbst gelesen hat, also Vergil, Paulus Orosius, Thomas von Aquin und Guido Cavalcanti. Die stehen aber in einer deutschen Universität in vier verschiedenen Institutsbibliotheken. Es gehört schon ein heroischer Aufwand dazu, sich das ohne besondere Absicht für seine allgemeine Bildung zu erwandern, um einmal darin zu blättern, selbst zu sehen und von der Sekundärliteratur unabhängig zu werden.

Oder Shakespeare: die italienischen Novellen, Plutarch, Montaigne und die englischen Chroniken – wieder vier verschiedene Institute. Bei anderen wären es noch viel mehr.

Wer Geld hat, schaffe vernünftige Bibliotheken! Wer keines hat, denke sich wenigstens welche aus!

Das sind die Lehren, die ich aus Maria Wuz und Aby Warburg ziehen möchte. Es müssen nicht Bankiers sein wie die Medici in Florenz und die Warburgs in Hamburg. Aber Cosimo de' Medici wußte, daß der gesellschaftliche Erfolg vergänglich ist und die richtige Investition in Kultur bleibt. Fast alle Bankhäuser des 15. Jahrhunderts sind dahin. Aber die Bibliotheken und Kunstsammlungen der Medici in Florenz und Fiesole sind heute unschätzbar und für jeden zugänglich.

Wenn wir an den Aufbau einer kleinen privaten Bibliothek denken, so ist nicht von Spekulation die Rede, und in einer Zeitung würde es nicht in den Wirtschaftsteil gehören, wie die Investition in aktuelle Kunst. Es geht um das Glück des Lesens und um das Recht eines jeden, an den geistigen Erzeugnissen teilzuhaben. Man ist nicht immer zu allem aufgelegt und allem gewachsen. Deshalb ist nicht von den Büchern die Rede, die man jetzt haben müsse, sondern von denen, die man sich hinlegt, damit sie da sind und auf einen warten. Manche kennen wir längst. Bei denen geht es darum,

daß wir sie achten und unsere Erinnerung beleben. Denn
manchmal vergessen wir, wie reich wir sind.

Weltliteratur beginnt im Kinderzimmer

Man muß einmal versuchen, alle Vorurteile aufgesetzter Halb-
bildung von fremder und Nationalliteratur, von alt und
modern zu vergessen. Und dann die unersättliche Neugier und
Einbildungskraft des Kindes zurückgewinnen. Denn was findet nicht alles Eingang in ein wohlausgestattetes Kinderzimmer? Weit mehr und Kühneres als sich die meisten als Erwachsene zutrauen.

Da sind, und sei es nur als Bilderbibel, das *Alte* und das
Neue Testament. Die Erfahrung der Menschheit im Orient, die
sich ihre Geschichte von der Erschaffung der Welt an erzählt.
Der griechische Mythos in den Sagen des klassischen Altertums. Eine andere Welt, aus dem Chaos und der Nacht erschaffen, Götter in anschaulicher Fülle im Konflikt untereinander
und mit den Menschen. Dann die Märchen aus *Tausendundeine Nacht,* wieder eine andere Vision der Welt, der Reisen
und Abenteuer, mächtiger Geister, des Handels und der Liebe.
Dann *Grimms Märchen* und Andersen, der *Robinson Crusoe*
und die *Schatzinsel, Gullivers Reisen* und der *Don Quijote.*

Auch wenn es für Kinder vereinfachte Fassungen sind, so
handelt es sich um Werke, die für Erwachsene geschrieben wurden, die die Erinnerung der Menschheit bewahren, die Entdek-
kung der Erde und der Natur beschreiben und mit der Phanta
sie unsere geläufige Existenz in Frage stellen. Daneben gibt es
die für Kinder geschriebene Literatur und darunter, außer
unsäglichen Albernheiten, Schriften und Bilder von großer
Schönheit und heiterer Weisheit.

Das ist jedermann bekannt. Ich möchte nur daran erinnern,
wieviel wir uns als Kinder zumuten und welchen Abstieg die
gewöhnliche Romanlektüre »für Erwachsene« bedeutet. Aber
dann gibt es auch die ungewöhnlichen Romane, und die Poesie,
die sich erst etwas später erschließt.

Es ist vertrackt und doch sehr bezeichnend, daß die englischen und amerikanischen Romane, die für Erwachsene geschrieben wurden, sehr rasch zu Kinder- und Jugendbüchern
geworden sind. Scotts *Ivanhoe*, Coopers *Lederstrumpf*, um von
Dickens und Mark Twain zu schweigen. Das ist bei den französischen Romanen des gleichen 19. Jahrhunderts nicht der Fall.
Weder Stendhal noch Flaubert und nicht einmal Balzac mit der
einfach gezeichneten Psychologie seiner Charaktere konnte das
widerfahren. Ihr tragender Konflikt ist in einem späteren Rei-
festadium des Individuums angesiedelt, das die angelsächsischen Autoren jener Zeit nicht erörtern.

Das spricht nicht für die einen oder anderen. Und schon gar
nicht kann es einen Nationalcharakter bezeichnen. Shakespeare und Laurence Sterne sind auch nicht für das Kinderzimmer geeignet.

Die Weltliteratur im Kinderzimmer eröffnet einen weiteren
Aspekt: Sie ist nicht eurozentrisch. Sie greift so weit zurück,
wie das Gedächtnis der Menschheit reicht, und sie verbindet
den alten Orient und die mythische Antike, das mittelalterliche
Arabien der Seefahrer und die Welt der Märchen, die bei allen
Völkern von ähnlicher Struktur sind.

Es ist ganz natürlich, daß sich später das Lese-Interesse eher
einschränkt auf die Darstellung von Erfahrungen, die und
deren Stil uns näher zu liegen scheinen. Daran sind auch die
Übersetzungen schuld, die nur selten bei älteren Texten aus fernen Sprachen dem Anspruch an einen Eigengeschmack der
Dinge genügen, während sie bei Romanen und Erzählungen
der neueren Zeit, wo der Stoff und die Spannung sich fast von
selbst mitteilen und die Form vertraut ist, keine Schwierigkeiten machen.

Wie viele Bücher braucht der Mensch?

In der frühen Zeit der Alphabetisierung kam man mit Fibel und Bibel gut aus. Ein Kalender, ein paar Schwänke, ein Haushaltungsbuch... Wer mehr brauchte, galt schon als Gelehrter.

In der Gesellschaft der Information und Kommunikation brauchen wir alle sehr viel mehr Bücher. Aber auch da gilt wie beim Schnell- und Langsam-Lesen die Unterscheidung zwischen kurzfristiger Ware zum raschen Verbrauch und Büchern, die bleiben und einen Rückhalt gegen die galoppierende Vergänglichkeit bilden.

Dabei liebt man Ordnung und Übersicht. So war es verschiedentlich der Brauch, aus einer literarischen Blütezeit oder aus den zahlreichen Werken eines Autors eine feste Zahl auszulesen. Am liebsten sieben, eine magische Zahl, die man am Himmel im Siebengestirn der Plejaden wiederfand.

Als Goethe sich während seiner Arbeit am *Westöstlichen Divan* mit der persischen Poesie beschäftigt, stellt er mit Erstaunen fest, daß die Perser aus einer großen Zahl von Dichtern nur sieben gelten ließen, und er fügt hinzu: Unter den verworfenen waren mehrere Kanaillen, die besser waren als ich.

Die Sammlung ›Pléiade‹ des französischen Verlags Gallimard, die sich mit ihrem Namen auf das Siebengestirn der Lyriker der Renaissance um Ronsard bezieht, ist so klug, sich mit keiner Zahl und auch nicht auf französische Literatur einzuschränken. Sie hat schon so viele Bände, wie das Jahr Tage hat, und verspricht für jeden Monat, der da kommt, einen weiteren. Wird es mit den unsterblichen Schriftstellern knapp, so erhalten die sterblicheren langsam eine Chance.

Für Rezensionsfolgen in Zeitungen und für Buchreihen, die man abonnieren kann, wählt man gern runde Zahlen. Nur läßt der Weltgeist die großen Werke nicht nach dem Dezimalsystem entstehen, und es ist gnadenloser Fatalismus, die Reihe der Seligen auf eine feste Ziffer zu begrenzen. Eine französische Arbeitsgruppe, die mit der Konzeption einer »idealen Bibliothek« beauftragt war, hat das elegant überspielt und die sieben bis zur Unerkennbarkeit mit sich selbst multipliziert.

Man wählte gleich 49 Kategorien, die Literaturen der Nationen und die Gattungen, Liebesroman, Sachliteratur, Krimi, Comic und Kochkunst, auch den Humor nicht zu vergessen, unter den die Franzosen den Marquis de Sade einordnen. Und für jede Kategorie erst die wichtigsten, und dann erweitert man wieder auf 49 und läßt dem Leser jedesmal die Wahl, seinen 50. Titel selber nachzutragen. So kommt man auf 2401 oder, mit Hilfe der geneigten Leser, auf 2450 Titel, und das ist schon eine ordentliche Bibliothek.

Damit ist ein bemerkenswertes Instrument einer Bücherkultur entstanden. Man hat die Bücher auch gleich im Centre Pompidou ausgestellt und eine Fernsehserie darüber gemacht. Natürlich kann man da auch schwache Bücher finden und sehr gute vermissen. Bezeichnend sind die Offenheit und spielerische Vielfalt. 2401 Bücher muß man nicht gelesen haben und auch nicht kaufen, aber man findet zu denen, die man kennt, die überraschendsten und verlockendsten Nachbarschaften.

Montaigne hatte in seinem runden Turmzimmer hoch über der Dordogne seine Lieblingsbücher in fünf Regalreihen übereinander um sich herum angeordnet, die geliebten antiken Autoren vor allem zum Immer-wieder-lesen und die neueren, Historiker, Reisebücher, zur Ergänzung. Französische Leser protestieren vielleicht am heftigsten gegen die Zumutung, für die berühmte Insel zwanzig Bücher auswählen zu müssen. Jules Verne gibt dem Kapitän der ›Nautilus‹ in *Zwanzigtausend Meilen unter dem Meer* immerhin zwölftausend Bücher mit. Er macht sich nicht die Mühe, sie uns zu nennen. Aber er beschreibt das verwirrende Gefühl, wie man bei der ersten Tauchfahrt und endgültigen Ausstattung mit der Welt förmlich abgeschlossen hatte. Wo doch die Literatur, trotz aller Unkenrufe, weitergeht.

Einen ganz anderen Weg ging der Verlag der ›Encyclopaedia Britannica‹. Er nötigte die Professoren der Universität von Chicago, die über viele Bücher verfügen, die wesentlichen auszuwählen, *The Great Books of the Western World*. Und zwar so, daß man sie drucken und als Textbibliothek zum Lexikon verkaufen kann. Man kam auf 54 Bände, wobei manche Autoren zwei brauchen, der ganze Platon, der ganze Aristoteles, Thomas von Aquin und Gibbons *Niedergang und Fall des römischen Reiches*. Andere Bände sammeln mehrere Autoren, die griechischen Tragiker, Herodot und Thukydides, Euklid und Archimedes oder Ptolemäus mit Kopernikus und Kepler... Ich zitiere einige, damit man sieht, daß Poesie und Philosophie, Geschichte und Naturwissenschaften, auch Ökonomie (Adam Smith und Marx) nicht getrennt werden, daß man nicht zuerst ans Lesevergnügen denkt, sondern an die großen Werke, von denen jeder redet und die doch kaum einer gelesen hat. Nützlich und praktisch, solide gebunden, wenn auch nicht gerade schön, aber den ganzen Plotin in einem leichten Band, Dante in einer Prosaübersetzung... und alles längst über die 16. Auflage hinaus...

Andererseits wird eine so knappe Auswahl immer fragwürdiger, je weiter man in die Moderne gerät. Da ist man auf zu wenige Marmorhäupter eingeschränkt, und alle lebendigen Anstöße fallen durch die zu weiten Maschen des Netzes. Da geraten die verlegerischen Gesichtspunkte der auf einen Schlag verkaufbaren Kompaktbibliothek mit dem Ziel geistiger Anregung in Konflikt. Da hätte ein einziger Band mit Essays, Vorträgen und Abhandlungen den Horizont zum Abschluß öffnen können.

Wir wollen etwas anderes. Ein paar Handvoll Bücher genügen nicht für ein Leben, und ein paar tausend zu beschreiben, wäre mühselig. Als ich studierte, hatten überraschend viele Leute die gleichen Bücher. Damals war es Mode, die Matratzen direkt auf den Fußboden zu legen und Regale aus Ziegelsteinen und Brettern aufeinanderzutürmen. Während die Gastgeberin den Tee zu bereiten versuchte, schweifte der indiskrete Blick über die Schätze, die sich auf dem Regal ausbreiteten, und erkannte rasch die gleichen Farben, Einbände, Titel wie bei vielen anderen.

Ohne Vorschrift und Bücherliste war das zustande gekommen. Mit der Entfaltung der individuellen Persönlichkeit war es anscheinend auch bei den Gebildeten nicht weit her. Ich bin gegen Kanonbildung und Pflichtlektüre und für Entdeckerlust und Abenteuer. Ratschläge kann man geben, wenn man selber mit Vergnügen und Gewinn allerlei gelesen hat. Und offene Linien ziehen.

Wie richte ich meine Bibliothek ein?

Es hat längst begonnen. Anfänge gibt es nicht oder sie bleiben unerkennbar. So kauft auch niemand ein erstes Buch. Man hat immer schon welche, denn die Weltliteratur fängt ja im Kinderzimmer an. Und wenn man die Fassungen für Kinder langsam durch die richtigen Bücher ersetzt, dann ist da schon einiges, die *Odyssee* und die *Bibel, Tausendundeine Nacht, Don Quijote* und *Gullivers Reisen*...

Wie ordnet man diese Bücher? Und was will man durch die Ordnung erreichen? Klarheit, Zusammenhänge, Einsichten, Beziehungen, Querverweise. Es gibt nicht eine richtige Ordnung, sondern mehrere den Umständen und Interessen nach praktikable.

Der Verfasserkatalog einer großen Bibliothek ist alphabetisch geordnet. Aber so stehen die Bücher nicht im Regal. Wenn eine öffentliche Bibliothek es sich leisten kann, die Bücher nicht in der Reihenfolge der Anschaffung, sondern systematisch zu ordnen, so unterwirft sie sich einem System von Sachgebieten und Untergruppen, das überall anders ist und in der Regel auch rasch veraltet.

Eine private, vorwiegend literarische Bibliothek läßt sich chronologisch ordnen, also Homer und die *Bibel, Tausendundeine Nacht, Don Quijote* und *Gullivers Reisen*... Solange die Menge der Bücher sich noch übersehen läßt, ist das nützlich, und man erinnert sich der Abfolge und der Beziehungen zwischen den Autoren.

So kommen in der Antike nach Homer und Hesiod die Tragiker, Aischylos zuerst, dann Sophokles und Euripides. Sophokles war ein Freund des Herodot, und da ist schon die Frage, ob wir strikt konsequent sein wollen oder sachliche Gruppen bevorzugen. Herodot zwischen Sophokles und Euripides oder lieber mit Thukydides zusammen, um die Historiker, den erzählenden und den analysierenden, beieinander zu haben?

Oft ist es atemberaubend, wie zeitlich nahe die Autoren einander sind, die wir uns der Stilentwicklung wegen doch mindestens im Generationenabstand denken würden. Das ist schon bei Sophokles (497–406 v. Chr.) und Euripides (ca. 480–406 v. Chr.) auffällig. Und die Geburtsdaten der lateinischen Klassiker folgen überraschend schnell aufeinander: Cicero (106 v. Chr.), Caesar (100), Lukrez (95), Catull (84), Vergil (70), Horaz (65), Tibull (55), Properz (47) und Ovid (43). Damit ist die goldene Latinität zu Ende, und es kommt erstmal lange nichts.

Die Reihenfolge der Geburt zeigt an, welche Erfahrungen sie machten, auch wenn sie nicht im gleichen Alter zu veröffentlichen begannen. Die deutschen Autoren des 18. Jahrhunderts bilden eine ähnlich dichte Folge: Winckelmann (1717), Lessing (1729), Wieland (1733), Herder (1744), Goethe (1749), K. Ph. Moritz (wie Mozart 1756), Schiller (1759), Jean Paul (1763), Hölderlin und Hegel (1770 wie Beethoven), und dann folgen die Romantiker wie die Pilze aufeinander.

Man kann es aber auch ganz anders machen. Ist man an den Themen und Motiven interessiert, so gruppiert man Homers *Odyssee* zusammen mit den Büchern, die sich darauf beziehen und daraus herleiten, Vergils *Aeneis* zuerst, Dantes *Göttliche Komödie*, und schließlich der *Ulysses* von James Joyce… Die *Bibel* kann man mit den heiligen Schriften und den großen religiösen Epen zusammenstellen, mit dem *Mahabharata* (oder doch der *Bhagawadg'ita* daraus) und dem *Gilgamesch*, die inzwischen in die Theaterinszenierungen gefunden haben, dem *Ramayana*, dem *Taoteking* und Konfuzius, den Lehren des Buddha und dem *Koran*.

Die *Bibel*, die eine Zusammenstellung der unterschiedlichsten Schriften ist, Chroniken, Poesie, Prophetie usw., hat seit Jahrhunderten den kriminalistischen Scharfsinn der Philologen und der Bibelkritik beschäftigt. Mit manchen ihrer Bücher nimmt sie einen Ehrenplatz unter den großen Fälschungen ein, mit anderen erzählt sie die frühe Geschichte der Menschheit, auf sie richtet sich die Kunst der Auslegung von Texten.

Durch schlechte Gewohnheit scheint es uns ganz natürlich, daß sich die Geschichte der Menschheit wie an einem einzigen Faden abspult. Erst kommen die Ägypter und der alte Orient, dann die Griechen, danach die Römer, darauf das Mittelalter, die Renaissance, die Neuzeit. Und dabei vergessen wir die anderen Kulturen, das Nebeneinander und die Wechselwirkungen.

Da gibt es, wenn man sich überhaupt dafür interessiert, zwei Möglichkeiten. Die eine ist der objektive Weg. Man gibt jeder Kultur ihren eigenen Platz, und dort folgt sie ihrer eigenen Chronologie. Wenn bei uns Mittelalter ist, so hat man in Byzanz noch Spätantike, und die Araber nehmen einen neuen Aufschwung auf dem Boden der hellenistisch-orientalischen Kultur, die Normannen kommen aus Skandinavien und erobern Sizilien, setzen sich in Nordfrankreich fest und unterwerfen England, die Hunnen erst und später die Mongolen durchqueren den asiatischen Raum zwischen China und Ungarn, ein Teil der Mongolen wird mohammedanisch und erobert das nördliche Indien... Diese Bewegungen über große Räume hängen miteinander zusammen, sie respektieren nicht im mindesten nationale Grenzen, und das tun die Erfahrungen und die literarischen Werke auch nicht.

Ordnen wir chronologisch oder geographisch (nach Sprachen, Nationen), so sind wir mitten im heftigsten Konflikt um das Verständnis der Geschichte. Die christliche Universalhistorie der Mönchshistoriker, der protestantischen Universitäten und des katholischen Bischofs Bossuet hat die verschiedenen Räume kultureller Entwicklung, so gut es ging, an einen chronologischen Faden geknüpft. Zwar nahm man ein paar Parallelen in Kauf, aber so bald wie möglich führte man die Geschichte des Alten Testaments in die römische Geschichte über und ließ die über Karl den Großen, je nach eigenem Standort, in die Reichsgeschichte oder in die Geschichte Frankreichs münden.

Wir können in der Anordnung unserer Bücher jeder Kultur ihr eigenes Recht geben (das wäre eher objektiv), aber wir können auch dem Gang der Erfahrung und Wahrnehmung folgen und die Schriften dann dort plazieren, wo sie in das Bewußtsein unserer Kultur geraten sind. Das scheint subjektiver, muß aber weder falsch noch ungerecht sein. Unter europäischer Perspektive ist es zutreffend. Dante schrieb um 1300, Shakespeare um 1600. Dort haben sie im Rahmen ihrer Literaturen ihren Platz.

Vom Standpunkt der deutschen Literatur aber setzt die fruchtbare Auseinandersetzung um Shakespeare etwa 1760 ein, und um 1800 liegt eine lange Zeit gültige Übersetzung (Schlegel/Tieck) vor. Die Beschäftigung mit Dante beginnt ernsthaft erst in der Romantik, um 1800, mit einer begeisterten Huldigung des jungen Schelling, mit poetischen Übersetzungen von August Wilhelm Schlegel und einer vollständigen deutschen Fassung von Streckfuß. Die wunderbare Würdigung, die Hegel in seinen Vorlesungen über die Ästhetik Dante widmet, und Goethes Huldigung durch eigene Poesie in Dantes Terzinenform finden erst um 1825 statt. So braucht Dante eine bzw. zwei Generationen länger als Shakespeare bei den Deutschen. Calderón geht ihm voraus in der Wirkung, und auch Shakespeare, der seinerseits durch die Homerlektüre vorbereitet wird, bearbeitet erst das Feld für den Auftritt der alten griechischen Tragödie.

Der objektive Blick auf den Ort der Entstehung und ihren Zeitpunkt ist nicht »richtiger« oder »falscher« als der auf den Augenblick, wenn ein Autor in unserer Kultur das Interesse erregt. Man kann den Standpunkt wählen. Und bei Übersetzungen hat es noch einmal einen besonderen Grund. Die Lutherbibel ist ein Ereignis des 16. Jahrhunderts, der deutsche Homer um 1780 gehört seiner Epoche an, der Shakespeare von Schlegel und Tieck setzt die dramatische Sprache von Lessing und Goethe voraus usw.

Offene Klassifikation
(Leibniz und die Infinitesimal-Bibliothek)

Natürlich kann man sinnvoll klassifizieren. Bei großen Bibliotheken ist es unumgänglich, und bei kleinen kann es Spaß machen. Wofür schenkt man den Kindern einen Computer? Nach den Briefmarken im Album kann man ja auch einmal versuchen, die geistige Welt zu ordnen. Nur sind die Ordnungskategorien, die man wählt, nicht richtig oder falsch, sondern mehr oder weniger ihrem Zweck angemessen. Ein Kilometer ist nicht wahrer als eine Meile, er ist leichter gleichmäßig unterteilbar. Und das Dezimalsystem ist für unbegrenzt viele Kategorien und Schattierungen offen. Erfunden hat es Leibniz, der Philosoph, Mathematiker und Bibliothekar.

Damals gliederte man die großen Bibliotheken nach den vier Fakultäten der Universitäten: Theologie, Jurisprudenz, Medizin und Philosophie. Mit den Geistes- und Sozialwissenschaften ist die philosophische Fakultät immer größer geworden, manchmal mußte sie sogar die Mathematik und die Naturwissenschaften aufnehmen, die nicht bei der Medizin unterkamen; später gründete man eigene Technische Hochschulen. Innerhalb der Fächer machte man viele Unterscheidungen, die uns heute komisch erscheinen: Francis Bacon und John Locke etwa entwarfen rationale Systeme oder Stammbäume aller menschlichen Kenntnisse und Wissenschaften, nach denen man auch Bibliotheken zu ordnen versuchte.

Gottfried Wilhelm Leibniz (1646–1716) wußte zuviel, um an ein geschlossenes System der Kenntnisse zu denken, dafür hatte er auch selbst unablässig zu viel entdeckt und erfunden. Von Windmühlen auf dem Harz, um die ersoffenen Schächte der Bergwerke freizupumpen, bis zum Rechnen mit den unendlich kleinen Werten, dem Infinitesimalkalkül. Offiziell war er Hofhistoriograph und sollte den Welfenherzögen aus den Archiven noch ein paar Verwandtschaften besorgen, auf die man Gebietsansprüche stützen könnte. Dazu unterstellte man ihm die Bibliothek in Hannover und die noch schönere in Wolfenbüttel. Die hatte der Herzog August großenteils selbst gesammelt, in den schweren Jahren nach dem Dreißigjährigen Krieg, wobei seine Diplomaten als Bücheragenten tätig waren und er die Neueingänge selbst in siebzehn große Folianten eintrug, die den Wissensgebieten entsprachen und auf einem mächtigen Bücherrad lagen, dessen sechs Schreibtischebenen durch ein Planetengetriebe bewegt und waagerecht gehalten wurden (es ist heute noch vorhanden).

Leibniz wollte ein praktikableres System. Es sollte für neue Kategorien offen sein, von unbegrenzter Ausdehnung, aber in sich übersichtlich, sogar systematisch, und so, daß jedes Buch einen präzisen Platz einnimmt. Die Wahl der ersten zehn Kategorien und der je bis zu zehn beliebig zu vervielfachenden Unterabteilungen trifft man nach reiflicher Überlegung selbst. Durch diese Einteilung begrenzt man den Blick auf die Welt.

Unsere Leser, das können wir voraussetzen, werden gern einmal einen Roman lesen, auch eine Erzählung oder Kurzgeschichte, einen Essay. Also hat die Kategorie *Literatur* gute Chancen, einen der ersten Plätze (von 0 bis 9) zu erhalten. Dann aber wird es heikel. Sollen wir die Literatur insgesamt nach Gattungen gliedern, nach Epochen, nach Sprachen bzw. Nationalliteraturen und darin nach Chronologie der Geburtsjahre, oder nach Jahrhunderten und dort nach dem Alphabet?

Wie auch die Entscheidung ausfällt: was folgt aus ihr? Setzen wir den Fall, man würde gern die Märchen aus *Tausendundeine Nacht* oder die *Lolita* von Vladimir Nabokov lesen. Gliedert man nach Gattungen, so ist *Lolita* ein Roman. Die Märchen... heißen aber Märchen vielleicht nur in der Bearbeitung für Kinder und in der vollständigen Übersetzung die *Erzählungen aus tausendundeiner Nacht* und in einer anderen Ausgabe wieder anders. Eigentlich müßten wir nun prüfen, ob es Märchen sind, die neben denen der Brüder Grimm, Andersen usw. stehen, oder Fabeln, Erzählungen, die dann zu Chaucers *Canterbury Tales*, den *Novellen* aus der italienischen Renaissance und Balzacs *Tolldreisten Geschichten (Contes drôlatiques)* gehören. Wenn wir nach Epochen gliedern, so stehen sie nahe bei Chaucer, denn sie gehören ins Mittelalter, aber sie rücken fern von den im 19. Jahrhundert geschriebenen Märchen der Brüder

Grimm, auch von Balzac, aber auch von antiken Fabeln. Gliedern wir nach Sprachen, so gehören sie zur arabischen Literatur, und da stehen sie in einer kleinen Privatbibliothek ziemlich allein oder in seltsamer Nachbarschaft zu einem Koran,
und erst über die nächste Sprachgrenze hinweg kommen dann
vielleicht persische Erzählungen oder Gedichte.

Mit der Kategorie, die man wählt, schafft man den Zusammenhang und eine neue, manchmal überraschende Umgebung.
Sich nur nach der Herkunftssprache zu richten, ist nicht die
glücklichste Lösung und auch nur halb wahr. Wir lesen ja
zuerst einmal die deutsche Übersetzung. Und die, vollständig,
wissenschaftlich und genau, ist erst nach dem Ersten Weltkrieg
entstanden. In Frankreich liest man die Fassung des Mannes,
der diese Märchensammlung aus tausendundeiner Nacht mit-
samt einem Märchenerzähler aus Istanbul mitbrachte, um
1700; seine Übersetzung ist orientalisches Rokoko. In England
liest man eine ausdrücklich dagegen unternommene Übersetzung des Abenteurers und Kapitäns Richard Burton, der die
erotischen Details, die seine Vorgänger übergangen hatten,
besonders kräftig ausmalt (um 1880, als Widerstandskämpfer
gegen viktorianische Prüderie). Die deutsche Fassung ist kor-
rekt, läßt aber den Zauber vermissen, den man von einer Literatur erwarten könnte, die E.T.A. Hoffmann und Franz Kafka
hervorgebracht hat. Ich habe das auch erst gelernt, von J.L.
Borges *(Das Eine und die Vielen)*, und ich erzähle das hier,
weil im neuen Europa ja nicht nur deutsch gelesen wird.

So ist die Frage: Gehört die eine Fassung ins französische
Rokoko, wo sie Erzählungen im orientalischen Gewand an-
regte? Die andere aber in das englische 19. Jahrhundert der
Eroberer, Abenteurer und Schatzsucher? Die dritte schließlich
ins 20. Jahrhundert, aber mehr zur Sachliteratur als zur mär-
chenhaften Poesie? Schließlich: man kann auch alle drei unter
Orient, Arabien, Mittelalter einordnen, und dann stehen die
Reiseberichte und Landkarten gar nicht weit von ihnen ent-
fernt.

Lolita ist eindeutig ein Roman und aus dem 20. Jahrhundert
(1955). Vladimir Nabokov (1899–1977) wurde in Rußland

geboren, lernte in England die französischen Romane lieben, schrieb in Berlin russische Bücher und in Amerika englische und starb in der Schweiz. *Lolita* (der Name ist spanisch auszusprechen, nicht etwa amerikanisch) wurde von den amerikanischen Verlagen erst einmal zurückgewiesen und mußte in Paris auf englisch erscheinen. Der Verfasser war amerikanischer Staatsbürger und lehrte europäische Literatur an der Cornell Universität in Ithaca (im Staate New York – während Odysseus aus Ithaka seine Geschichte bei den Phäaken erzählte), *Lolita* gehört zur Weltliteratur. Frauen können ihn, zur Warnung und wenn sie schön sind, nicht früh genug lesen, Männer lieber erst um die Vierzig.

Was ist Literatur?

Bleiben wir noch einen Augenblick bei diesem Punkt! Entscheidend ist nicht, ob und welches Einteilungsprinzip wir uns empfehlen lassen, sondern daß wir selber wählen müssen. In einer für viele Interessen genügend allgemein gehaltenen Klassifikation nimmt die (schöne) Literatur einen wichtigen Platz ein. Wenn ich mir zehn Stichwörter für die erste Dezimalstelle notiere, ist sie in jedem Fall darunter, und was mir sonst einfällt, entspricht ungefähr dem, was in mehreren Ländern mit Erfolg erprobt wurde, also etwa:

0 Allgemeines, Lexika, Wörterbücher
1 Literatur
2 Philosophie
3 Geschichte
4 Sozialwissenschaften
   (Anthropologie, Linguistik, Soziologie, Ethnologie)
5 Recht, Staat, Wirtschaft
6 Naturwissenschaften
7 Kunst (zum Anschauen vor allem)
8 Musik (mehr zum Hören als zum Lesen)
9 Reisen, Länderkunde (mit Landkarten und Reiseführern).

Die Reihenfolge kann man ändern, die Schwerpunkte auch. Man könnte sich eine primär literarische Bibliothek denken, in der die Sachliteratur dann nach Epochen und darin nach Themen gruppiert würde.

Einigt man sich erst einmal auf dieser Reihe, so kommt mit der zweiten Dezimalstelle eine harte Entscheidung auf uns zu. Sollen wir die Literatur nach Gattungen gliedern oder nach Epochen? Es gibt nur drei Gattungstypen (das Epische, Lyrische und Dramatische), so daß man die freien Plätze mit anderen Literatursorten füllen kann, etwa:

0 Epos (Roman)
1 Lyrik (Poesie)
2 Drama (Theater)
3 Märchen
4 Essay
5 Aphorismus
6 Briefe
7 Tagebücher, Memoiren
8 Übersetzungen
9 Literaturkritik

Oder, und damit wird alles ganz anders, etwa so:

0 Antike
1 Mittelalter
2 Renaissance
3 Barock
4 18. Jahrhundert
5 19. Jahrhundert
6 20. Jahrhundert
7 21. Jahrhundert
8 der alte Orient, Indien und China
9 Literatur der schriftlosen Kulturen

Suchen wir nun nach einem Platz für *Lolita*, so müssen wir Platz für den Roman schaffen:

1.0 (Epos)
0 das Versepos aus mündlicher Tradition
1 das Kunstepos (Vergil, Dante, Milton)
2 der antike Roman
3 das höfische Epos
4 der Roman in Prosa (16. und 17. Jahrh.)
5 der Briefroman
6 der Liebesroman
7 der humoristische Roman
8 der Entwicklungsroman
9 der historische Roman

Das ist völlig aus der Hand geschüttelt, denn der Roman ist eine Promenadenmischung. *Lolita* könnte man für einen Liebesroman halten, aber es ist eher ein humoristischer Roman. Diese Gattung hat Laurence Sterne vor allem aus dem älteren *Gargantua* und *Don Quijote* entwickelt. Viele, die es versucht haben, blieben im Stoff hängen und schrieben Problemromane. Nabokov schult sich an Gogol, bewundert Tolstoi und Puschkin, verabscheut Dostojewski und steht ein wenig fremd in der amerikanischen Literatur, schlägt aber eine Brücke zu dem in sich geschlosseneren Werk von James Joyce, der seinen *Ulysses* auch erst in Paris veröffentlichen mußte (die englischen und amerikanischen Leser haben sich dann aber entsetzlich angestrengt, das versäumte Pensum nachzuholen).

Auf einem weiteren Platz gliedern wir entweder das 20. Jahrhundert in Gattungen, da wäre der Roman wohl an vorderster Stelle, und dann in Sprachbereiche, da wäre die angelsächsische Literatur für den deutschen Leser wohl auf dem zweiten Platz (ohne Wertung, rein statistisch), und so hätte *Lolita* hier die Nummer 1.702. Größere Bibliotheken lassen darauf die ersten drei Buchstaben des Autors folgen und die Bandzahl seiner Schriften, also 1.702 NAB 1, oder wenn es nach der Gattung geht 1.072 NAB 1.

Die Zahlen machen keinen großen Unterschied, nur müssen wir wissen, ob wir dem Buch die Umgebung des 20. Jahrhunderts und die seiner amerikanischen Romane wünschen oder die des humoristischen Romans im Umkreis des Epos, und dann stünde er zwischen Sterne, Gogol und Joyce, ansonsten zwischen Hemingway und Jack Kerouac. Oder, falls uns das weniger gefällt, sehr bald nach Faulkner und Djuna Barnes.

Soviel zur Orientierung, wie die Bibliotheken ihren offen zugänglichen Bestand gliedern, und, auch wenn man es ohne Zahlen tut, zur Motivation, sich zu Entscheidungen durchzuringen. Die Frage: Weltliteratur oder Nationalliteraturen, Einheit der Gattung oder der Epoche, muß jeder selbst für sich lösen, und auch die kleinste Bibliothek gibt dazu Anlaß.

Die Erinnerung der Menschheit

Es sind die Epen, die die früheste Erinnerung bewahren. Kindheit und Reife, Liebe und Haß, Aufbruch ins Abenteuer, die Erfahrung des Todes und die glückliche Heimkehr. Erzählen kann nur, wer überlebt hat, und das Erzählen ist eine Weise, mit Erfahrungen fertig zu werden, die verwundet haben.

Das *Gilgamesch-Epos* ist eines davon, im Land zwischen Euphrat und Tigris auf Tontafeln überliefert. Es schildert dieses Erwachen aus der Kindheit, das Überfallenwerden von Sexualität, Freundschaft als Widerstand im anderen und Gewahrwerden seiner selbst, Bestehen von Gefahren. Dann der Tod des Freundes, Trauer, Protest, Suche nach dem Verstorbenen in der Unterwelt... Es gibt literarische Adaptationen, Bühnenfassungen für Kinder, aber es ist nicht ins literarische Bewußtsein gedrungen. Auf deutsch als Reclamheft, bei unseren Nachbarn ist es kaum zu finden, oder in einer Sammlung orientalischer Texte zum Alten Testament. Aber es ist Literatur, und nicht Material für die Theologie.

Und das gilt für Homer, der den Griechen ihre Götter schilderte, ebenso wie für viele Bücher des Alten Testaments. Sie bewahren die Erinnerung, eine oft blutige Erinnerung, des Menschen, der so viel bezwingt, nur nicht die eigene Leidenschaft und den Willen der anderen.

Wo zur menschlichen Erfahrung gesprochen wird, ist es Poesie, wo Ritualgesetze aufgezählt werden, scheint es das Werk

von Priestern zu sein. Wenn Gott oder die Götter als inkonse-
quent, mit liebenswert menschlichen Zügen geschildert werden, liegt meist eine ältere Überlieferung vor, sobald es
abstrakt, konsequent und unmenschlich zugeht, handelt es
sich um spätere Redaktionen oder Texteingriffe.

Lange Zeit in der Geschichte unserer Bildung war die Bibel
Pflicht und Homer war Kür, als Zugabe und zur Erheiterung.
Man wäre kaum auf den Gedanken gekommen, sie eigens zur
Lektüre zu empfehlen. Heute gibt es intelligente Studenten,
die kluge Magisterarbeiten über Walter Benjamin verfassen,
aber dabei mit den Anspielungen auf das Alte Testament nicht
zurechtkommen. Empfiehlt man ihnen, dieses merkwürdige
Buch doch selbst einmal in die Hand zu nehmen, so fragen sie
versiert: In welcher Übersetzung? Daß es mehrere gibt, weiß
man, gelesen hat man in keiner. Es ist auch völlig gleichgültig,
ob man Luther, die Zürcher Bibel, wissenschaftliche Ausgaben oder Buber/Rosenzweig benutzt, aus jeder kann man etwas
lernen.

Und ist es auch nicht die »älteste Urkunde des Menschenge-
schlechts«, wie noch Herder glaubte, so enthält das Alte Testament doch reiche Erfahrung, hohe Poesie, ein Bild der
Geschichte und Weisheit. Da lohnt es sich, den Blick zwischen
Erzählungen der *Bibel* und des Homer hin und her wandern zu
lassen, zu sehen, zu vergleichen, zu verstehen.

Das Interesse an den Geisteswissenschaften und der Zugang
zu den Universitäten vervielfacht sich, während die Kenntnisse
in den alten Sprachen von den Kultusverwaltungen abgebaut
wurden. Nun kann man nicht behaupten, daß es ein Gewinn
war, wenn man die Grammatik des Griechischen an Homer
erlernt hat. Dafür ist er zu schade. Eher kann man umgekehrt,
wie Goethe es im *Werther* berichtet, Poesie an ihm verstehen
lernen, eine vergangene Welt und sich selbst in ihr begreifen.

Die Blütezeit des humanistischen Gymnasiums war keine
Blütezeit der Poesie, die Orientierung am griechischen Ideal
führte weder zu politischer Reife noch zu künstlerischer Pro-
duktivität. Die etwas zustande brachten, bauten meist auf sehr
bescheidenen Voraussetzungen auf. Und heute, wo die techni-

schen Mittel der Bewältigung so viel leichter zugänglich sein müßten, muß fast jeder, der sich vom Zauber antiker Kultur angesprochen fühlt, die Mittel dazu mühsam selbst erwerben.

Fast völlig unbegreiflich ist uns eine Trennungslinie geworden, die damals galt. Ehe man die Poesie und Schönheit im Alten Testament entdeckte, war die *Bibel* Metier, und Homer und die klassische Bildung ein Mittel befreiender Erleichterung. Für das eine gab es eine Dogmatik, Streit und Auseinandersetzung, bei Homer konnte man Textkritik treiben und Entstehungshypothesen in die Welt setzen, aber darüber wachte kein Konsistorium. Die antike Poesie und Mythologie eröffneten einen Freiheitsraum, worin es weder Konfessionen noch Stände (Klerus, Adel, Bürgertum) noch nationale Unterschiede gab.

Aber Homer und die *Bibel* stehen nicht allein oder nur zusammen hinter dem *Gilgamesch.* Indien hat mit dem *Mahabharata* ein ungeheures Epos geliefert, und selbst wenn man nur eine Episode daraus, die *Bhagawadg'ita,* kennt, das philosophische Gedicht über Willensfreiheit und Standespflichten, hat man einen Eindruck von dem Ernst dieser Kultur. Das *Mahabharata* und das zweite große indische Epos, das *Ramayana,* sind bis heute der Stoff für unablässige Dramatisierungen. In Indien steht nicht wie in Griechenland neben dem Epos ein Drama, das den Mythos in Szene setzt, sondern das Epos selbst wird auf der Bühne dargestellt.

Die chinesische Kultur steuert kein großes Epos bei, wie es viele andere Kulturen in mehr oder weniger künstlerisch stilisierter Form tun. Lyrik, Opfergesänge, Gleichnisreden und Aphorismen dagegen wohl. Auch die in der bildenden Kunst so formvollendete ägyptische Kultur hat eine Literatur der Jenseitsreisen in den Totenbüchern, der Liebeslyrik, aber keine Epik. Und in der arabischen Kultur vermißt man ein entwickeltes Drama. Vielleicht sind solche Fragestellungen überhaupt verfehlt und tun vorschnell unrecht nach dem Maßstabe einiger weniger Kulturen, statt das wirklich Vorhandene zu würdigen.

Auch wenn solches Fragen falsch ist, bleiben die Ungleichheit und Asymmetrie auch der nach unseren Vorstellungen vollständig ausgestatteten Kulturen. Im 19. Jahrhundert war es eine Marotte normativer Historiker, die Kultur der italienischen Renaissance danach zu beurteilen, daß sie weder die protestantische Reformation noch das moderne Drama Shakespeares oder Calderóns hervorgebracht habe.

Wir sehen, daß unangemessene Kategorien nicht dem Verständnis dienen. Wir können nicht in allen Kulturen das gleiche erwarten. Und andererseits ist die Öffnung sehr vieler Grenzen an eine gewisse Vergleichbarkeit der Lebensbedingungen gebunden. Aber diese Schätze aus fernen Kulturen haben für die meisten von uns die Eigenheit, daß wir sie nicht in ihrer Sprache lesen können und daß wir auch kaum mit ihrem lebendigen Umkreis vertraut sind. Wir sind auf Übersetzungen angewiesen.

Übersetzungen

Literarische Texte sind einzigartige Kunstwerke, die auf allen Ebenen nicht-austauschbare Elemente kombinieren. Der Klang der Wörter, der Rhythmus ihrer Silben, ihr Geschlecht, ihre syntaktischen Regeln, die Assoziationen und Gegenbegriffe, die sie in der Vorstellung erwecken, ihre Prägung durch andere Werke oder den öffentlichen Gebrauch bestimmen ihre Eigenart in einer Sprache und Kultur zu einer bestimmten Zeit.

Und trotzdem, obwohl sie unübersetzbar sind, gibt es doch ganz gute und sehr eindrucksvolle Übersetzungen. Mit unendlicher Mühe oder genialer Intuition hat jemand nicht ihren, aber einen eigenen Klang gefunden, der in der anderen Sprache eine literarische Existenz schafft. Ein sehr erfahrener Schriftsteller und Leser hat die Beobachtung gemacht, daß Originale bleiben, Übersetzungen alle fünfzig Jahre neu gemacht werden müssen.

Shakespeare war um 1800 so glänzend in ein klassisches Deutsch übersetzt worden, daß diese Übersetzung mehrere Generationen lang für unüberholbar galt. Ja, man konnte der Meinung sein, auf deutsch sei manches noch besser als im Original. Das heißt aber nur, in eine vertrautere Umgebung gebracht und mit Mitteln, die in der eigenen Sprache und Bühnenkonvention die höchsten Wirkungen erreichen. Inzwischen ist uns die Epoche um 1800 ziemlich ferngerückt, wir kennen Shakespeares Zeit besser, und er hat sich auf allen Bühnen stärker als irgendein anderer Dichter durchgesetzt.

Damit stieg das Verlangen, auch auf deutsch einen authentischeren, weniger klassischen, rätselvolleren und zugleich vulgäreren Shakespeare zu besitzen. Und seither wird neu übersetzt. Schon August Wilhelm Schlegel formulierte das Menschenrecht der Übersetzer: Jedermann hat das Recht, Shakespeare zu übersetzen. Und das heißt auch, keiner hat das Recht zu mäkeln. Wer so viel Englisch und Deutsch kann, daß er anderer Leute Übersetzung kritisiert, der setze sich gefälligst hin und mache es besser. Erich Fried (1988 gestorben) hat die meisten Stücke Shakespeares neu übersetzt, und andere versuchen es auch.

Was in einer Gattung und bei einem Autor gehen mag, bereitet bei anderen unüberwindliche Schwierigkeiten. Literatur spricht von etwas, erzählt eine Geschichte, erweckt Empfindungen und Stimmungen, teilt einen Gedanken mit. Das läßt sich mehr oder weniger in eine andere Sprache übertragen. Epen, Märchen, heilige Schriften und wissenschaftliche Abhandlungen erkennt man einigermaßen wieder. Manchmal findet auch die Stimmung eines Gedichtes und das, was es benennt, seinen Ausdruck. Damit stößt man aber auch schon an Grenzen.

Und dabei muß es gar nicht Poesie an den Grenzen des Unsagbaren sein. Der Text einer Oper, der in der gleichen metrischen Struktur bleiben muß, was ja nicht so schwierig ist, stellt doch Aufgaben, die man bei den berühmtesten wie Mozarts *Don Giovanni* nicht zufriedenstellend gelöst hat. Da gibt es nicht gute und weniger gute, sondern nur schlimme und weniger schlimme Übersetzungen. Racine hat bis heute nicht überzeugend auf die deutsche Bühne gefunden. Sein Vers, der Alexandriner, ist im Französischen und bei ihm so schlicht und selbstverständlich wie der Blankvers manchmal in Lessings

Nathan der Weise, und zugleich so schön und musikalisch wie in Goethes *Iphigenie*. Das bringe mal einer zusammen!

Manchmal gewinnt die Übersetzung selbst autoritativen Einfluß. So prägt Luthers Bibel im Deutschen die Vorstellung davon, wie Moses, die Propheten und auch der liebe Gott selber atmen und sprechen. Die Helden Homers erkennt man im Deutschen sofort an ihren altertümlichen Wortbildungen und an einem Metrum, das korrekter als im griechischen Original gehandhabt wird. Ein wenig hört man immer den wundersamen Schulmeister Johann Heinrich Voß das Metrum mit einem Stöckchen klopfen (während der Goethe der *Römischen Elegien* die Takte des Hexameters seiner Geliebten doch lieber leise mit dem Finger auf die Schulter zählte).

Wenn jemand einen Rhythmus findet in seiner eigenen Sprache, dann kann er auch irgend etwas von einem Gedicht in einer anderen Sprache wiedergeben. Mit Wörtern ist es nicht getan. Aber als Leser entfaltet man ja auch eine eigene Energie, und so haben dichterische Seelen durch mäßige Übersetzungen hindurch schon manches Mal die Poesie geahnt und Sehnsucht nach ihr und der von ihr beschworenen fremden Welt verspürt. In der europäischen Literatur und auch in der bildenden Kunst gibt es einen eigenen Orient und auch ein China des Rokoko, und einen etwas anderen Orient der Romantik, ein Japan des Impressionismus und des Jugendstil...

Und dann gibt es Kulturen, die uns durch ihre Bildwelt sehr vertraut sind, ohne daß wir eine vergleichbare literarische Vorstellung gewinnen. Jung und alt strömt in die Ausstellungen ägyptischer Kunst, aber vor der Entzifferung der Hieroglyphen hatte die ägyptische Weisheit einen sichereren Platz in unserem Denken als hinterher. Die philologische Genauigkeit beschert uns Übersetzungen, aber keine Poesie und auch nicht den Urgrund aller Weisheit, den die griechischen Reisenden der Antike und spätere Phantasten dort zu finden glaubten.

Noch merkwürdiger ist es mit der italienischen Renaissance. Die literarische Überlieferung ist reich. Aber auch hier steht neben der Ausarbeitung bildnerischer Formen, die unüberbietbar sind und bleiben, keine vergleichbare Literatur. Hinreißende Novellen, die kann man lesen; ausgefeilte Sonette, klangvolle Kanzonen und Versepen liest aber kaum jemand in Übersetzung... Wenn man daneben die verbreitete Kenntnis der bildenden Kunst und auch die der späteren Musik hält, so ist das nichts.

Der Grund dafür muß in einer literarischen Revolution liegen. Man liest heute Romane, und man führt Schauspiele auf. Beides gab es damals noch nicht. Die Novelle läßt sich als Kurzgeschichte akzeptieren. Aber die Auffassung von Lyrik hat sich gewandelt, und das Versepos über ritterliche Stoffe sperrt sich gegen die Übersetzung und ist dem Prosaroman gewichen.

Dantes gewaltiges Werk behauptet sich, aber Ariost und Tasso sind an den Klang des Italienischen gebunden und teilen das Schicksal auch der jüngeren Versepen von Byron oder Puschkin, während Romane wie Manzonis *Die Verlobten* sich über die Grenzen ihrer Sprache hinweg durchsetzen.

Wie heilig sind heilige Schriften?

Homer und die Bibel, gewiß, damit fängt es an. Aber es ist doch nicht ganz das gleiche? Sollte man nicht das eine unter Poesie und das andere unter Religion führen? Aber Homer hat doch den Griechen ihre Götter dargestellt. Den Griechen wohl, aber uns doch nicht! Dann war das Religion und ist nun keine mehr? Auf der anderen Seite hat Herder eine bedeutende Entdeckung gemacht, als er das *Hohelied* als Liebeslyrik identifizierte, er als Theologe, ein Buch mitten aus der Bibel. Und wenn man näher hinschaut, stößt man noch auf manch anderes.

Gibt es überhaupt religiöse Literatur? Die Bücher Moses, Chronik, Richter, Könige sind Geschichte, das *Hohelied* ist Poesie, und außerhalb der Bibel? Thomas von Aquin und Pascal sind Philosophen. Und Untersuchungen zur Religion sind entweder historisch oder soziologisch oder psychologisch.

Nach der alten Einteilung der Fakultäten konnte man sehr viele Bücher der Theologie zuweisen. Weniges war Poesie, einiges Wissenschaft, und dann kann man es anderswo einordnen.

Wenn es aber nur deshalb zur Theologie oder Religion gehört, weil es weder Poesie noch Wissenschaft ist, dann gehört es gewiß nicht zu den Büchern, die für eine Bibliothek zu empfehlen sind.

Die großen Epen bewahren die Erinnerung der Menschheit, ganz gleich ob sie von Dichtern oder von Priestern redigiert und überliefert wurden. Man erweist der Religion keinen Dienst, wenn man ihr einen Sonderstatus gibt. Dann zählt zur Religion, was gut gemeint, aber nicht gelungen ist, und das wäre traurig. Die großen Erkenntnisse der Religionssoziologie beruhen darauf, daß sie der Religion ihren Sonderstatus genommen und sie einer wissenschaftlichen Analyse unterzogen hat (Max Weber, Emile Durkheim).

Ein durchaus weltlicher Leser und ein kenntnisreicher (Valery Larbaud) berichtet, wie er kurz nacheinander einen Roman von Stendhal und Predigten französischer Kanzelredner gelesen hat. Und er vergleicht den Stil, die psychologische Einsicht, die Welterfahrung. Dabei kommt der große Prediger gar nicht so schlecht weg, von den Stellen abgesehen, an denen er die Mühle moralischer Ermahnungen klappern läßt. Und bei Stendhal wundert er sich, welch hohe Kunst an empörende Belanglosigkeiten verwendet wird.

Darin gerade aber liegt eine der seit der Spätantike verbreiteten und nach dem Klassizismus erst wiedergewonnenen Wirkungen der christlichen Kultur auf den klassischen Stil. Daß der hohe Stil auf Niedriges angewendet wird, ist eine literarische Umwälzung, die durch den »Einbruch der Leidensgeschichte Christi in den klassischen Stil« zu erklären ist (Erich Auerbach). Das antike und klassizistische Gesetz, nur erhabene Personen und Themen im hohen Stil darzustellen, wurde durchbrochen. Wenn die moderne Literatur und Kunst dieses Gesetz brechen und ihr Pathos auf das Banale, Gemeine oder Absurde gründen, so stützen sie sich auf etwas, das mit dem Christentum in die Welt gekommen ist, ganz unabhängig vom Bekenntnis des Künstlers.

Poetische Weisheit

Poesie ist Erkenntnis. Die Musen wissen die Wahrheit, nur mischen sie, weil es sonst vielleicht keiner verträgt, schöne täuschende Geschichten mit hinein. Homer, oder was unter seinem Namen als *Ilias* oder *Odyssee* überliefert ist, bildet eine ganze Enzyklopädie. Er kennt das Äußere der Menschen, ihre Abstammung und Eigenschaften, aber auch ihr verborgenes Inneres, er kennt die Welt und darüber hinaus die Götter. Zu unserer Überraschung wird manchmal ein Gegenstand mit zwei Wörtern bezeichnet, einem in der Sprache der Menschen und einem in der Sprache der Götter.

Die Griechen nahmen das hin. In ihrer Schöpfungsgeschichte, die mit der Nacht und dem Chaos begann und sich erst langsam zu Göttern und Menschen durchrang, behalten sich die Götter manches vor, das Feuer, bis Prometheus es raubt, und auch die Namen der Dinge. In der biblischen Schöpfungsgeschichte hingegen benennt Adam die Dinge mit den Namen, die Gott ihn gelehrt hat.

Der Dichter, der Sänger belehrt die Menschen, zumindest so lange, bis die Philosophen kommen und damit nicht mehr zufrieden sind. Aber solange es Poesie gibt, ist Homer eine Quelle. Man lernt die Welt aus ihm kennen, aber auch die literarischen Techniken. Er fängt nicht mit dem Anfang an, sondern beginnt in der Mitte einer Geschichte und trägt ihn später, in Einschüben, in Rückblicken, in Erzählungen der handelnden Personen nach.

Alle schöpfen aus ihm, die Mythologen, die Lyriker und die dramatischen Dichter. Alle lernen bei ihm die Techniken der Darstellung, nicht zuletzt die, die ihn kritisieren, wie Platon. Liest man ihn und was auf ihn folgt mit offenen Augen, so bemerkt man, daß die Antike gar nicht altertümlich ist. Alles ist jünger, unmittelbarer und frischer als bei vermeintlich moderneren Autoren.

Man kann die Odyssee als Segelhandbuch für das Mittelmeer benutzen. Oder: Aus Homers Gleichnissen läßt sich die Bilderwelt der frühen Menschheit erschließen, die bei den Griechen erst sehr viel später von der bildenden Kunst eingeholt wurde. Oder: Wenn man liest, wie er Menschen in ihren Leidenschaften darstellt und ihre Motivationen noch einmal spiegelt im Konflikt der Götter, so fällt auf, daß er überhaupt nicht klassizistisch ist. Er schöpft aus dem vollen und geht aufs Ganze.

Deshalb ist da etwas Befreiendes, auch wenn man diese Kriegszüge und Kämpfe nicht mag (und vor allem nicht in der Schule übersetzen möchte). Es ist ganz Poesie, und deshalb so voller Wirklichkeit. Es steht am Anfang, ahmt nichts anderes nach, ist ganz es selbst und enthält doch eine lange Folge von Literatur, die sich erst entwickeln wird.

Goldene Esel und Gastmahle

Homer, oder wer immer seine Epen vortrug, hatte kein Buch. Man trug es im Gedächtnis, und der Rhythmus und die immer wiederkehrenden Formeln waren Gedächtnishilfen für den, der es vor einem Publikum, das auch nicht lesen konnte, mit leichter musikalischer Begleitung erzählte und dafür belohnt werden wollte. Ähnliches gibt es in vielen Kulturen, manchmal bis in unsere Zeit.

Nun läßt sich Homer einmal unter all diese sogenannten Heldenepen von Kämpfen, Haß und Liebe, Eifersucht und ritterlichem Edelmut einreihen. Man kann ihn aber auch, mit der *Odyssee* (und dem *Gilgamesch*-Epos, einer noch älteren Tradition), an den Anfang der Reise- und Abenteuerbücher, der Wundergeschichten setzen. Antike Romane, mittelalterliche Epen, und – um wieder auf das Kinderzimmer zu kommen – der *Robinson Crusoe* von Defoe (1719), die *Schatzinsel* von Stevenson (1883), *Lord Jim* von Joseph Conrad (1900) oder einen der Romane von Jack London oder *Münchhausen* (1785).

Unmittelbaren Einfluß übten die Werke von Homer sowohl auf das später schriftlich ausgearbeitete Versepos aus – vor allem Vergil und Dante – als auch auf den technisch raffinierten Roman wie den *Ulysses* von James Joyce. Und schon in der

Antike entwickelte sich eine lockerere Form des Abenteuer-
romans in Prosa, der näher mit der gesprochenen Sprache verbunden war. Die Poesie kommt aus unbekannten Anfängen,
die Prosa muß erst erfunden werden.

Aber glanzvoll. Die ersten, die Prosa schreiben, sind die griechischen Historiker und Philosophen. Herodot mit seinen Rei-
seberichten voll wundersamer Anekdoten und Platon mit seinen lebendigen widerspruchsvollen Dialogen sind, auch wenn
sie es nicht zugestehen wollen, Schüler Homers. Der Aben-
teuerroman in Prosa entsteht in der Spätantike, und so farbig,
frech und voller Überraschungen, daß Fellini das *Satyricon*
des Petronius als Filmdrehbuch verwenden konnte. Leibniz
versuchte, das *Gastmahl des Trimalchio* daraus zur Belusti-
gung des Hofes in den Gärten von Herrenhausen bei Hannover
als Huldigung an die Antike zu inszenieren.

Ein weiterer, etwas später (im 2. Jahrh. n. Chr.) entstandener
Roman, *Der Goldene Esel* des Apuleius, ist mit den wundersamen Verwandlungen seines Helden in einen wirklichen Esel
und nach langen Prüfungen wieder zurück für die Antike ein
geheimnisvoller philosophischer Traktat. Für die moderne Zeit
ist er eine unerschöpfliche Quelle des Alltagslebens und seiner
Sprache im römischen Kaiserreich, und er enthält auch das ein-
zige aus der Antike überlieferte Märchen, das von *Amor und
Psyche*. Wer hat nun recht? Die antiken Leser, die daran glaubten und sich unendlich amüsierten, oder die modernen, die es
als Quelle ausbeuten und hoffentlich nicht vergessen, sich
ebenso zu amüsieren?

Noch ein wenig später, im 3. Jahrhundert, entstanden die
Äthiopika des Heliodor, griechisch geschrieben und bis an den
Rand mit Stürmen, Schiffbrüchen, Seeräubern, Verwechslungen und Wiederfinden angefüllt. Jeder, der selbst etwas erlebt,
hat auch etwas zu erzählen. Aber die antiken Romane sind nicht
so leicht zu überbieten. Und um noch einmal an Homer zu erinnern, so sind die Reisen in die Unterwelt eine Sache, von der
zwar mancher träumen mag, bei der es aber auf eine gute Lehre
und sauberes Handwerk ankommt. Was Homer im 11. Buch
der *Odyssee* vorgemacht hat, nimmt Vergil im 6. Buch der

Aeneis glanzvoll auf, und Dante macht daraus den ersten Teil seines Weltgedichts, der in der Hölle des Inferno angesiedelt ist. Da haben es spätere Autoren schwer mitzuhalten.

Dante zwischen Himmel und Hölle

Es soll Menschen geben, die finden Dantes *Hölle* zwar gräßlich, aber doch spannend, nehmen sein *Fegefeuer* noch hin und halten den *Himmel* – der heißt aber ›Paradiso‹ – für langweilig. Nun haben sie vielleicht eine schlechte Übersetzung erwischt oder nie lesen gelernt. So wie manche Leute an den schönsten Bildern gähnend vorbeigehen und erst wieder munter werden, wenn sie in einer Illustrierten blättern.

Dante ist eine der größten Entdeckungen erst der Romantik und dann des 20. Jahrhunderts. Poeten, Philosophen und Literaturhistoriker taten je das Ihre, aber es ist nicht überall angekommen. Und er läßt sich nicht ohne weiteres übersetzen. Die *Göttliche Komödie* ist zugleich Poesie von ungeheurer Knappheit, Energie und Anschauung, zugleich im höchsten Sinne Geschichte, voll politischer Leidenschaft, Hoffnung auf Künftiges und Verzweiflung am Gegenwärtigen. Da man nicht durch vergangene Zeit reisen kann, hat er die Idee, das Vergangene in seiner Gegenwärtigkeit, und schon gerichtet, darzustellen.

Dazu muß er selbst die unerhörte Wanderung durch die Hölle, das Fegefeuer und das Paradies antreten. Das dauert mehrere Tage, spannt seine Kräfte aufs äußerste an, er hat einige Ohnmachtsanfälle, bricht in Tränen aus und erlebt das Grauen, die Erfahrung und den Aufstieg in selige Gefilde als einen Prozeß der Läuterung. Mehrmals gerät er an die Grenzen dessen, was er darstellen kann. Überwältigend sind aber nicht einzelne schöne oder starke Stellen, sondern ein Bild der gesamten geschichtlichen Welt, so wie er sie mit den fortgeschrittensten Mitteln seiner Zeit und einer völlig eigenständigen poetischen Vision erfassen kann.

Dante selbst war ein Emigrant, der, aus Florenz verbannt, heimatlos durch die norditalienischen Landschaften irrte und unaufhörlich daran arbeitete, seine Vision in einer Sprache, die er aus den verschiedenen Dialekten erst schaffen mußte, unveränderlich zu verkörpern. Und es gelang. Das Italienische wandelt sich wie alle Sprachen, aber sein Werk, das zwischen 1300 und 1320 entstand, ist dort gegenwärtiger als in Deutschland die originale Fassung der Lutherbibel von etwa 1525.

Wer von diesem Weltentwurf nichts ahnt und meint, man müßte katholisch sein, an Thomas von Aquin glauben und sich für Florentiner Heimatgeschichte interessieren, um ihn mit Spannung lesen zu können, dem entgeht vorläufig eine der stärksten künstlerischen Herausforderungen der Moderne. Wenn es beim ersten- oder zweitenmal nicht gelingt, sollte man es mal wieder versuchen oder auch sich von dem aus, was man bei Erich Auerbach, Ernst Robert Curtius, bei T. S. Eliot oder Ezra Pound darüber findet, einen Zugang verschaffen. Wie man sich bei Homer nicht für antiken Kram interessieren muß, kann einem das Mittelalter gleichgültig bleiben. Aber man sollte nicht darauf verzichten, die Poesie und sich selbst zu verstehen. Und wenn man nicht so viel verstehen will, läßt Dante einmal ein Gedicht die Leser ansprechen, »so schaut doch wenigstens, wie schön ich bin«!

So leben sie und sind doch tot

Die höfischen Epen, wie man sie nennt, obwohl sie aus älteren keltischen Sagen durch französische Versepen in mittelhochdeutsche wandern und dann in Wagner-Opern oder moderne Prosa-Fassungen, motivieren anders als die antiken. Wenn der Trojanische Krieg ausbricht, so sind vor allem die Göttinnen und Götter mit daran schuld. Das Urteil des Paris zwischen drei konkurrierenden göttlichen Schönheiten brachte das ganze Debakel in Gang. Und sucht man einen Begriff, so war es die Schönheit, die am Anfang des unendlichen Leids stand, und am Ende wurde es Poesie.

Bei *Tristan und Isolde* ist es ein Mittel heidnischer Magie, ein Zaubertrank, in einer noch nicht so recht christlich gewor-

denen Welt. Das scheint als Motivation ein wenig mechanisch.
Aber wenn man moderne Liebesgeschichten vergleicht, so sind
es ja auch nicht gerade Vernunftentscheidungen, die gegen
Treu und Glauben und eingegangene Verpflichtungen die Leidenschaften entfesseln. Und die höfische Liebe hat eine
menschliche Erfahrung, die man in der Antike eher als eine Art
Krankheit oder als komisch ansah, mit dem Pathos einer religiösen, absoluten Leidenschaft versehen, die das Irdische über-
schreitet.

Nun sind die mittelalterlichen Versionen nur nach einem
Studium der Romanistik oder Germanistik zu lesen, und das
wäre eine unerträgliche Vorbedingung für die Lektüre einer so
schönen Liebesgeschichte. Deshalb hatte Joseph Bédier eine
Prosa-Nacherzählung eingerichtet, und jetzt hat Dieter Kühn
den mittelhochdeutschen Text des Gottfried von Straßburg in
modernes Deutsch übertragen. Das ist wie mit der mittelalterlichen Musik, die wieder und langsam immer besser gespielt
wird, nicht für Spezialistenkreise.

Das Mittelalter hat es nie gegeben. Es ist eine Erfindung der
Gelehrten und Humanisten für eine damals schon vergangene
Zeit. Und an ihr werden immer neue Seiten entdeckt, das
Fremde, das Vertraute, und im anderen entdeckt mancher
sich selbst. Das neunzehnte Jahrhundert baute Kirchen und
Rathäuser im (neu)gotischen Stil, Richard Wagner schrieb
avantgardistische Musik (mit dem dissonanten Tristan-Akkord
voran) zu einer Geschichte, die im zwölften und dreizehnten
Jahrhundert geschrieben wurde. Er dichtete sein eigenes Text-
buch, das die bunte Fabel sehr konzentriert, und instrumen-
tierte die vernichtenden Gefühle mit einer Schopenhauerschen
Sehnsucht, sich im Unendlichen aufzulösen.

Das ist längst nicht mehr mittelalterlich. Im Epos gibt es dra-
stische Komik und die Fülle eines Gefühls ohne Rückhalt, eine
Auffassung der Liebe, die in der christlichen Mystik Worte
gefunden hat, und es gibt den heidnischen Zauber, sehr viel
irdischere Motivationen und zugleich die Bereitschaft, wie ein
Märtyrer für die Leidenschaft zu sterben.

Bei einigen mittelalterlichen Epen steht das Abenteuer im Vordergrund, bei anderen die unmögliche, ehebrecherische, zerstörerische Liebe. Ich habe *Tristan und Isolde* genannt, weil es eines der großen Modelle für den modernen Roman bleibt.

Die verkehrte Welt

Der Roman ist, wie wir schon wissen, ein herrlicher Bastard des Epos. Romane zu klassifizieren, gar nach ihrem Inhalt, ist keine glückliche Idee. Im Epos kommt schon allerlei vor, Abenteuer, Liebe, Tod, Kampf, Heimkehr oder Versöhnung, mehr oder weniger gemischt. Manchmal entsteht aus dem Alten etwas Neues. Und mit der Neuzeit entsteht eine Form des Romans, die man nur unzureichend den humoristischen Roman nennt. Denn es kommt nicht darauf an, Schwank, Witz und Komik aneinanderzureihen oder in einer Stimmung durchzuhalten, so daß man vor Lachen nicht ans Ende käme. Zwar schöpft dieser Roman aus alten Riten der Umkehrung des Bestehenden, wie es in der griechischen Komödie und in Karnevalsbräuchen vorkommt, aber er errichtet eine ganze Welt aus dieser Sicht, erzählt das Leben seines Helden so.

Das kann überwältigend komisch sein, wenn es, von riesenhafter Eß-, Trink- und Wissenslust genährt, die Ausmaße *Gargantuas* (1534) annimmt, der mit unendlichen Wortspielen seinen Kopf erleichtert, und die Blase, indem er auf den Türmen von Nôtre-Dame sitzend das unten versammelte neugierige Volk von Paris ersäuft. Es kann aber auch beklemmend werden, schon in *Gullivers Reisen* (1726) und später in den Romanen Kafkas.

Und dann beginnt der Roman, sich in den Romanen zu spiegeln, unendliche Reflexe entstehen, aber wo man hintritt, stößt man sich den Kopf: *Don Quijote* (1605), Ritter von der traurigen Gestalt, ist Opfer seiner Lektüre von Ritterromanen, die ihm den Kopf verwirrten. Um ihn zu heilen, verbrennt der Pfarrer mit der Magd die gefährlichen Bücher, nur ein paar legt er beiseite, und so beginnt ein Buch mit einer Bücherverbrennung, die zugleich Literaturkritik des Romans ist. Cervantes erzählt ernsthaft die Folge von Täuschungen der Wahrnehmung des Ritters, der die Welt retten will und gegen Windmühlenflügel kämpft, eine Bauernmagd zur adligen Herrin kürt usw.

Man kann darüber lachen oder erschrecken. Es handelt von unseren Idealen, von einer Sicht der Welt, die sich im lächerlichen Konflikt mit den gewöhnlichen Dingen behauptet oder zerstört. Bücher spiegeln sich und wirken in Büchern, wie der *Lancelot*-Roman bei Dante, wenn Paolo und Francesca da Rimini lesen, und, von der Wirklichkeit in der Fiktion überwältigt, nicht mehr weiterlesen. Und schon ehe es Buch war, spiegelt sich das Epos im Epos, der Sänger bei Homer und dann Odysseus selbst, der seine eigene Geschichte erzählt, und zum Schutz oft vorher eine falsche Geschichte.

Aber man hat es nicht mit dem Begriff in der Hand, wenn im zweiten Teil des Romans Leute dem Helden begegnen, die ihn aus der Lektüre des ersten Bandes kennen. So malt Velázquez mit seinem berühmtesten Bild ein Portrait des königlichen Paares, das man aber im fiktiven Bildraum gar nicht sieht, sondern mit Verwunderung in einem Spiegel an der Rückwand des gemalten Raumes, den eine Staffelei von hinten, der Maler und die Prinzessinnen und Hofzwerginnen (eben »Las Meninas«, wie das Bild heißt) einnehmen. Und die gespiegelten Personen müßten, wie der Betrachter mit Verwunderung bemerkt, da stehen, wo er selbst steht.

Die Wahrnehmung durch täuschende und doch mächtige Zeichen wird thematisch, die Sprache läßt den, der da liest, verwundert von ihr selbst sprechen und an sich selbst wie an der Sprache zweifeln, die sich nicht nur im Roman an die Stelle der Dinge setzt und sie verwandelt. Cervantes hat große Nachfolger gefunden wie Laurence Sterne, der im *Tristram Shandy* (1759 ff.) vorgeblich Lockes Erkenntnistheorie illustriert, dabei Hume und Kant weit in den Schatten stellt und die Lektüre zu einem unendlichen Vergnügen macht.

Sterne und neben ihm Diderot haben den modernen experimentellen Roman begründet, der die Assoziationen der Gedanken und die Verwirrungen der Gefühle im Medium der Sprache und der Form des Romans zum Thema macht. Von ihnen haben alle gelernt, die bewußt Prosa geschrieben haben.

Fingiert authentisch: der Briefroman

Der Roman war immer dem Vorwurf ausgesetzt, Lügenge-schichte zu sein. Dem konnte man auf zweierlei Art begegnen. Entweder machte man die Fiktion bewußt und griff damit schließlich die Erkenntnis der Wirklichkeit selbst an, wie im humoristischen Roman. Das hat die Gefahr, daß der Erzähler übermächtig wird. Oder man versteckt die Fiktion und erfindet eine wahre, dokumentarische Form. Der Autor gibt sich als Herausgeber aus, der Aufzeichnungen, Briefe oder Tagebücher eines wirklichen Menschen der Öffentlichkeit zugänglich macht.

So nennen sich viele Romane »Wahre Geschichte...«, und wenn man von der dritten Person, von der der Erzähler berich-tet, zum unvermittelten Ich und Du übergehen will, so bietet sich die Form von Briefen an, die einer schreibt oder die zwei miteinander wechseln. Auch in Briefen kann man viel erzählen, aber es geschieht nicht in der Rolle des Erzählers, der das Geschehen beherrscht, sondern subjektiv, als Betroffener, von innen und unter der Haut. Der Leser wird in eine verwirrende Intimität hineingezogen, er wird heimlicher Zeuge von Be-kenntnissen, die nicht an ihn gerichtet sein können, und er steht verwirrt und ungesehen zwischen beiden Geschlechtern der Sinnlichkeit.

Das 18. Jahrhundert hatte die sensualistische Erkenntnis-theorie schon geerbt und entwickelte sie fort. Der Roman ist ein Mittel – und in der konstruierten Authentizität ganz beson-ders –, die Sinne erwachen zu lassen, das Gefühl zu erregen zwi-schen höchster Steigerung und völligem Erkalten, die Urteils-kraft zu täuschen und den Verstand zu blenden. Einhundert Jahre nach Descartes ist es nicht mehr wahr, daß wir unserer Existenz gewiß sind, wenn wir denken. Längst sind es die Leidenschaften, die uns ein intensiveres Bewußtsein unseres Daseins geben. Wer Zeuge sein durfte, im Theater oder bei der Lektüre, nahm durch Rührung Anteil, und die Tränen beider Geschlechter flossen in Strömen.

Rousseau griff mit der *Nouvelle Héloise* (1761) auf eine unmögliche verbotene Liebe aus der Geschichte des Mönches Abaelard zurück und versuchte, sie, nicht ganz glaubwürdig, unter edlen Menschen zu kurieren. Die *Leiden des jungen Werther* (1773) enden nach sehr viel weniger Briefen tragisch. Sie lösten unter den jungen Lesern ein Fieber gesteigerter Selbstwahrnehmung aus. Andere Briefromane wie die *Gefährlichen Liebschaften* (1782) von Choderlos de Laclos erweckten fasziniertes kaltes Grauen.

Gibt es Entwicklungsromane?

Wieder ein Dilemma. Der Held von Sternes Roman *Tristram Shandy*, der sein Leben selbst zu erzählen versucht, kommt in der Folge der Ereignisse vor lauter Abschweifungen kaum bis zu seiner Geburt, da er mit den Umständen seiner Zeugung beginnt. Trotzdem glauben wir, ihn völlig zu kennen. Werther andererseits erschießt sich zu früh, ehe er und seine Leser sein Leben begreifen könnten. *Gargantua* und Grimmelshausens *Simplicissimus* haben eine Kindheit, die sie aber nicht selbst verstehen, *Don Quijote* hat keine Kindheit, so wenig wie *Hamlet* oder *Achilles* und *Odysseus*, *Antigone* oder *Diotima*.

Ödipus hatte eine Kindheit, und das sollte ihm zum Verhängnis werden, Moses hatte eine, und natürlich Gilgamesch. Und alle, die wir lesen, haben auch eine. Das ist eine der merkwürdigsten Fragen, die man an literarische Werke stellen kann. Wenn man beim Theater für eine Inszenierung ein Schauspiel erarbeitet, so muß man sich all das fragen, was nicht im Text steht. Sonst entsteht keine glaubwürdige Darstellung auf der Bühne. Das gilt für den einzelnen Satz im Dialog. Man muß den wahren Gedanken finden, der unter den trügerischen Worten liegt, man spricht da vom Subtext. Und es gilt für Lebensläufe.

Man muß sich eine Kindheit denken, wenn das Drama den fertigen Menschen voraussetzt.

Das Thematisieren der Kindheit ist in der klassischen Antike selten. Es setzt eine Veränderung der Wahrnehmung voraus. Am ausführlichsten geschieht es in der Autobiographie, die Augustinus mit seinen *Confessiones* (um 400) beinahe erfunden hat. Nicht einzelne Anekdoten, sondern eine Schärfung der Sensibilität für die Empfindungen des Kindes, in der Rückschau des Erwachsenen, schaffen eine Umwertung der persönlichen Werte und begründen den Menschen, den Künstler in der Erfahrung der Kindheit.

Der sogenannte Entwicklungsroman zehrt von der Autobiographie, löst sich aber von der individuellen Berichterstattung in die poetische Freiheit. Gewiß kann man kaum etwas beschreiben, was man nicht erfahren hat. Aber wir erfahren mit allen Sinnen und auch mit denen der anderen. Der Roman muß nicht strikt auf die eigene Lebensgeschichte begrenzt sein. Er schafft Objektivität und Allgemeinheit durch seine Subjektivität. Und da ist er offen für andere Gattungen und integriert die Erfahrung und die Fähigkeit zur Darstellung von anderen. Proust und seine *Suche nach der verlorenen Zeit* orientiert sich ganz stark an den Briefen der Madame de Sévigné und an den Aufzeichnungen (2750 handschriftliche Seiten engster Schrift) des Herzogs von Saint-Simon, beide aus der Zeit Ludwigs XIV.

Goethes *Wilhelm Meister* gilt als ein Anfang und der »Entwicklungsroman« als eine speziell deutsche Gattung. Aber schon das Wort ist unübersetzbar, französisch z.B. heißt es »roman de l'éducation«, Erziehungsroman, und die Helden von Stendhal und Balzac werden intensiv von der Gesellschaft erzogen, während man meint, daß deutsche Jünglinge sich aus sich selbst heraus und allenfalls mit Gottes Hilfe entwickeln. Das ist eine merkwürdige Fehlinterpretation der biologischen Entwicklungstheorien.

Goethe hat ein einzigartiges Buch von großer Schönheit geschaffen, in zwei Fassungen, und mit großen Zweifeln, wie man ohne eine genügend feste Gesellschaft ein Individuum bilden kann. Denn es geht um Bildung, um Kultur, um Selbständigkeit des Individuums. Und wo findet man die? Deutschland hat keine Hauptstadt, die fürstlichen Höfe sind oft verwildert und nur selten Orte der Kultur. Selbst zwischen Bürgertum und Adel sind unüberwindliche Schranken. Die Universitäten sind häufig verwahrlost, nur selten Bildungsanstalten. Das Theater ist eine Verlockung, kein sicherer Boden, auf dem jemand reifen könnte.

So gerät ein Kaufmannssohn zu wandernden Schauspielertruppen: Verführung, Abenteuer, Erniedrigung sind die Stufen zur Einsicht in die Kunst und zur Abgrenzung eines eigenen Lebens. Und doch ist es faszinierend, wie einer Freiheit gewinnen, ein eigenes Leben entwerfen, der gewöhnlichen Routine des bürgerlichen Gelderwerbs entrinnen kann. Schönheit, Liebe, Kunst und eigene Fähigkeit, in irgendeinem Felde fruchtbare Arbeit zu leisten, vermischen sich bis zur Unerkennbarkeit.

Eine wunderbare Möglichkeit ist damit eröffnet, aber nichts bewahrt davor, daß lächerliche und sentimentale Gebilde an die Stelle wirklicher Kunstwerke treten, außer der geschulten Aufmerksamkeit derer, die da lesen. Und derer, die da schreiben. So hat Fielding gegen die sentimentalen Romane seiner Zeit (Richardson, *Pamela*) den unverwüstlich herrlichen *Tom Jones* (1750) geschrieben.

Historische Romane

Warum soll ein Roman nicht in einer vergangenen Zeit spielen? Das ergibt sich geradezu aus dem Charakter des Erzählens selbst: Es muß sich erst ereignet haben, ehe man es berichten kann. Aber muß es deshalb einen eigenen historischen Roman geben, der aus den Geschehnissen Literatur zu machen versucht?

Dabei können herrliche Schmöker entstehen. *Die Verlobten* (1825) von Manzoni ist ein Roman, der über alle Elemente verfügt, die menschliche Anteilnahme des Lesers zu erwecken. Walter Scott fertigte Dutzende historischer Romane wie am

Fließband, so daß das Gerücht entstand, er habe Lohnschreiber zur Ausarbeitung der Details in Dienst. Er hatte einen ungeheuren Erfolg bei seinen Zeitgenossen, und heute geht allenfalls noch der *Ivanhoe* (1819) als Kinderbuch durch.

Natürlich kommt dabei oft nur romantische Neugotik (oft mit modernen Gruseleffekten) zum Vorschein, gelegentlich mit solider Arbeit aus der Werkstatt des Historikers. Die poetische Einbildungskraft muß deswegen nicht verkümmern: Victor Hugo hat mit *Nôtre-Dame de Paris* (1831) *(Der Glöckner von Nôtre-Dame)* in wenigen Wochen, als ihm das Wasser bis zum Halse stand, seinen Vertrag erfüllt und eine Vision geheimnisvollen Lebens rund um das Bauwerk geschaffen.

Alexandre Dumas schöpft mit leichter Hand aus dem vollen, wenn er die *Drei Musketiere* (1844) schreibt, die sich als allen Medien gewachsen zeigen sollten. Flaubert arbeitet jahrelang mit archäologischer Genauigkeit, um das gnadenlos grauenvolle Karthago in *Salammbô* (1862) zum Leben zu erwecken. Erkennt sich darin eine Gesellschaft, die den Orient in ihren Kolonien befremdet sich zu eigen macht, so kann Tolstoi mit *Krieg und Frieden* (1865–69) historische Identität schaffen und seinen intellektuellen Lesern den Glauben an ihr Volk einflößen…

Historische Romane heilen die Wunden einer unbegreiflichen blutigen Geschichte, sie heben ein persönliches Schicksal aus dem epischen Strom hervor, das Identifikation erlaubt und doch den einzelnen mit dem großen Ganzen versöhnt. Da kommt es dann nicht so sehr darauf an, ob Alexander von Makedonien sich mit Achill identifiziert und die *Ilias* des Homer unter dem Kopfkissen hat oder ob die amerikanischen College-Studentinnen, und nicht sie allein, sich mit Scarlett identifizieren und Margaret Mitchells *Vom Winde verweht* (1936) unter ihr Kopfkissen legen.

Bücher dieser Gattung bedürfen keiner Empfehlung. Sie sind ein bewährtes Mittel gegen verregnete Ferien. Der Film hat mit ihnen mehr Glück als mit Dramen. Nur sollte man, wenn man aus ihren Strömen wiederauftaucht, einen Blick auf ihre Mittel, auf ihren Stil werfen, vergleichen und unterscheiden: Was machen sie mit ihrer Geschichte, und was machen sie mit uns?

Unentbehrliche Poesie

Muß man wirklich Gedichte lesen? Das erweckt oft fatale Erinnerungen an Deutschstunden, wo solche Sachen »interpretiert« werden mußten. Poesie ist aber auch das, was irgendwo gesungen wird, Rock, Pop, Chanson, Lied... weil es einen Rhythmus hat. Ursprünglich ist Poesie immer Wort und Musik. Es erregt die Geister, besänftigt die Trauer, erweckt und bezwingt die Leidenschaft.

Also braucht der Mensch Poesie? Wenn er glücklich ist und wenn er sehr unglücklich ist. Er muß nicht Verse machen. Aber es gibt Gedanken, die sich rhythmisch und durch ihren Klang binden. Und dann bleiben sie und üben einen Zauber aus. Das geschieht selten, und es ist am wenigsten übersetzbar. Manchmal belebt es den Augenblick, aber dauert nicht. Wenn es aber bleibt, trägt es die Erinnerung der Menschheit, wie das Epos, nur noch persönlicher, als Ausdruck eines Ich, das sich in seinem Klang und Rhythmus verkörpert.

Auch Epen haben natürlich Poesie, im ganzen Entwurf und im einzelnen. Aber man soll sie nicht in »schöne Stellen« zerlegen. Lyrische Poesie spricht sich in kürzeren Einheiten aus. Das Gedicht beschwört oft nur eine Stimmung. Es bleibt manchmal etwas in der Erinnerung, wie bei bestimmter Musik. Aber Musik wirkt über die Grenzen der Sprache hinaus, auch bei denen, die den gesungenen Text nicht verstehen. Romane lassen sich einigermaßen für den Export übersetzen. Deshalb ist man sich in verschiedenen Nationen ziemlich einig über die Qualität großer Musik und einigermaßen auch über die wichtigen Romane. Die Poesie hat es da schwerer.

Sie ist viel inniger an das Verfahren einer bestimmten Sprache gebunden, Klänge, Wahl und Stellung der Wörter, grammatische Funktionen usw. zu kombinieren. Wenn jemand sie übersetzen oder nachbilden will, muß er in seiner eigenen Sprache Rhythmen schaffen können. Schon so etwas Grundlegendes wie die Wortstellung ist im Lateinischen z. B. fast völlig frei, im Französischen fast völlig festgelegt...

Ein Beispiel:

Nunc et latentis proditor intimo
Gratus puellae risus ab angulo (Horaz, Oden I 9, 21)

Rudolf Alexander Schröder, ein kluger Übersetzer, macht daraus:

Gelächter auch, das innen vom Winkel her
Dem Freund die schlecht verhohlene Freundin zeigt...

Dafür hätten die Wörter aber auch im Original ganz anders stehen können und wären dort keine Poesie gewesen, bloß ein hübsches Thema. Nun lassen sich aber mehrere leicht variierende Bedeutungen der benachbarten Wörter aus ihrer Stellung ablesen: latentis proditor – Verräter des Verborgenen; proditor intimo – Verräter im Vertrautesten; gratus puellae – anmutig, beim Mädchen; puellae risus – des Mädchens Lachen; risus ab angulo – Lachen vom Winkel her; und vielleicht sogar: intimo gratus – anmutig im Vertrautesten. Aus der Ambiguität, der Vielstelligkeit der Bedeutungen, wie Celan sagt, entsteht hier der Zauber, der Poesie ist.

Übersetzen kann das keiner. Manchmal findet man einen Rhythmus, wie Novalis für eine andere Ode des Horaz: »Wohin ziehst du mich, Fülle meines Herzens, Gott des Rausches...«

Zauber der Anfänge

Wer liest schon Lyrik, sagen stöhnend unsere Verleger, und Buchhändler lesen sie zwar manchmal, verkaufen sie aber selten. Wir machen hier eine Ausnahme, um einer Frau das Wort zu erteilen. Es ist Sappho, um 600 v. Chr. in Griechenland, als die Lyrik sich von den kultischen Götterhymnen gelöst hat und individuelle Aussage wird. Niemand hat vor ihr so objektiv die (physiologische) Wirkung von Liebe beschrieben. Die Übersetzung ist vielleicht schon ein wenig altmodisch für manche, aber nicht übel:

> Selig wie die Himmlischen scheint der Mann mir,
> Der an deiner Seite dir sitzt, der deine
> Süße Rede höret und deines Lächelns
>   Reizende Stimme.

> Ach! dies ist es, das in dem Busen mir das
> Herz erschüttert! Schau ich dich an, so dringt kein
> Laut in meine Kehle, so starrt gelähmt die
>   Zunge mir plötzlich;

> Zartes Feuer läuft mir umher in jeder
> Ader, sehlos ist mir das Auge, dröhnend
> Sausts in meinen Ohren und kalter Schweiß rinnt
>   Über die Glieder.

> Ungestümes Beben ergreift mich, blasser
> Werd ich wie verwelkende Blumen, ohne
> Puls und Odem bin ich, und scheine mich dem
>   Tode zu nahen.

Übersetzt hat es Christian zu Stolberg, ein Freund des jungen Goethe, und er gebraucht natürlich die bei Klopstock, Hagedorn und Goethe entwickelte poetische Sprache. Das Original wäre verloren, wenn es nicht ein unbekannter griechischer Autor im ersten Jahrhundert n. Chr. als Beispiel in seiner Abhandlung *Vom Erhabenen* zitiert hätte (in Katalogen findet man sie, auch als Reclam-Heft, unter Longinus).

Schaut man, was Sappho sagt, so ist das ungeheuer direkt, mit wenig Vergleichen (»wie die Himmlischen«, »wie verwelkende Blumen«), überhaupt nicht altertümlich und läßt sich mit ein wenig anderen Worten auf allen Stilebenen aussprechen. Völlig modern, auch ganz cool oder hart, wenn man will, das heißt kann. Es ist eine Folge von Feststellungen an sich selbst. Es ist abgelöst vom griechischen Metrum, die Melodie kennen wir nicht, sie läßt sich in jedem harmonischen System neu erfinden.

Rhythmen in lebenden Sprachen sind sehr viel mehr festgelegt und zeitgebunden. Gerade wenn sie bekannt sind und gern
zitiert werden, bringen sie oft die Erinnerung und Atmosphäre
einer vergangenen Zeit mit sich. Es sind ganz einfache Worte,
und der Rhythmus stellt sich fast von selber ein, wenn man
sagt:

> Ich denke dein, wenn mir der Sonne Schimmer
> > Vom Meere strahlt;
> Ich denke dein, wenn sich des Mondes Flimmer
> > In Quellen malt.

Aber so spricht heute niemand (eigentlich schade), und so wird
kein Gedicht mehr gemacht. Aber auch nicht mehr so:

> Mit gelben Birnen hänget und voll
> Mit wilden Rosen das Land in den See...

Ungleichzeitigkeit

Daß die Dichter der großen Weltgedichte zu verschiedenen Zeiten lebten, ist einem ungefähr deutlich, und daß Dante (um
1300 in Italien) oder Shakespeare (um 1600 in England) in
ihrer Gattung keinen Ebenbürtigen in den anderen Ländern
Europas haben, auch. Weniger klar ist uns, daß die französische
Literatur, die so lange für Deutschland Vorbild war (im 17. und
18. Jahrhundert, aber auch schon im 13.), in der großen Zeit
von Voltaire, Rousseau und Diderot im 18. Jahrhundert eine
ausgearbeitete Prosa besaß, aber so gut wie keine Lyrik.

Der Neuanfang deutscher Literatur im 18. Jahrhundert
wurde aber von der Lyrik begonnen und zusammen mit einer
neuen Konzeption von Poesie. Als die deutsche Poesie nach
Goethe, Hölderlin und der Romantik müde wurde, entstand in
Frankreich von Hugo, Nerval und Baudelaire an bis in die
Moderne eine französische Poesie, und man entdeckte die des
16. Jahrhunderts wieder (Ronsard, du Bellay u. a.). Da war die
deutsche Literatur aber nicht aufnahmefähig, und die Überset-

zungen aus dieser Zeit sind besonders enttäuschend. Frankreich hat eine Poesie von nicht geringerem Rang als seine moderne Malerei seit dem Impressionismus. Im ganzen gesehen ist die moderne französische Poesie bemerkenswerter als die Romanproduktion und von beiden auch der inspirierende Partner.

Die lyrische Technik des berühmten T.S. Eliot, die lange als sehr modern galt, steht der des weniger berühmten, jung gestorbenen Jules Laforgue sehr nahe, der zwischen Baudelaire, Lautréamont, Mallarmé auf der eine Seite, Verlaine, Rimbaud und Apollinaire auf der anderen fast verlorengeht in dieser Fülle der Stimmen. Die englische Lyrik ist ebenso ungleichzeitig zu den anderen europäischen Literaturen. Sie hat eine große Zeit von Shakespeare zu den ›Metaphysical Poets‹ und mit einer frühen, sich gegenseitig überbietenden Generation der Romantiker Coleridge, Wordsworth, Byron, Shelley, Keats.

Wie wird man damit fertig, wenn man bei einer begrenzten Zahl von Bänden bleiben will? Poesie liest sich ja auch nicht in Gesamtausgaben, sondern eher in kleinen Bänden, die einen Zyklus, eine Arbeitsphase umfassen. In Frankreich hat es dazu geführt, daß Lyriker selbst Verleger wurden. Einer hat im Handsatz, und oft mit Graphik der großen Künstler, die es damals in Paris gab, von den 30er bis in die 70er Jahre 550 meist schmale Bändchen oder Hefte (Plaquettes, sagt man in Frankreich) individuell gedruckt. Das war Guy Lévis Mano (es gibt noch manches, überraschend preiswert, in seiner alten Werkstatt, 6, rue Huyghens, an der Métro Vavin). Der andere war Pierre Seghers, der in der Résistance anfing, Lyrik zu drucken, und allein eine Buchreihe über moderne Lyriker (Poètes d'aujourd'hui, mit Einführung, Textauswahl, Bildern und Bibliographie) auf mehrere hundert Titel brachte. Er stellte die Anthologie *Livre d'or de la poésie française* zusammen, eine vorzügliche strenge Auswahl in einem Taschenbuchband, dei es auf über 600 000 Exemplare gebracht hat. Der reicht bis 1940 (von den Anfängen). Und dann setzte er sich fünf Jahre lang morgens sehr früh vor der Büroarbeit an die

Bücher, um die Lyrik von 1940–1960, die seiner Generation, in zwei Bänden zugänglich zu machen. Jetzt gibt es *Französische Dichtung* in vier Taschenbuchbänden, zweisprachig (dtv). Um ein vergleichbares Bemühen und vergleichbaren Reichtum zu finden, muß man lange suchen in anderen Literaturen. In Deutschland, England und Italien wurde es nicht getan. In Deutschland ist es schwer, die Sekten oder Konfessionen zu vereinen, die Expressionisten, oft schon im Ersten Weltkrieg ums Leben gekommen, die traditionalistischen George, Rilke, Hofmannsthal, Einzelgänger wie Konrad Weiß und Rudolf Borchardt.

Anthologien zum Überleben

Da helfen nur Anthologien! Sie sind gut und unersetzlich, um die Augen zu öffnen und Neugier zu erwecken. Und sie sind schädlich, wenn es dabei bleibt, wenn ein poetischer Hausschatz, und sei er noch so avantgardistisch, dem Interesse genügt und das eigene Entdecken abtötet. Die Kunst der Anthologie besteht darin, das Unbekannte und Vergessene mit dem Berühmten und Vertrauten so zu mischen, daß sich neue Bezüge und Maßstäbe ergeben.

Das kann chronologisch oder thematisch geordnet sein. Und es gilt nicht nur für lyrische Poesie. Es gibt auch die des Gedankens und in Prosa. Der Essay braucht Anthologien, um die, die in Wissenschaft, Politik oder als Historiker schreiben und manchmal vorzüglich schreiben, mit den Schriftstellern von Beruf zu mischen.

Anthologien sind nötig in Zeiten, wo man wenig Bücher hat, und man braucht sie nicht weniger in Zeiten, wo zu viele Bücher rasch gedruckt und schnell wieder unauffindbar werden. In finsteren Zeiten haben zwei erfahrene Leser, Lektoren des alten S. Fischer Verlags, der Lyriker Oskar Loerke und der dann selbständige Verleger Peter Suhrkamp, die Essays in deutscher Sprache aus zwei Jahrhunderten gesammelt und unter einem Titel, der den inneren Widerstand bekunden und verbergen

sollte, veröffentlicht: *Deutscher Geist* (1942). Die Nachkriegs-
ausgabe (1954 u. ä.) wurde um die zuvor verbotenen Autoren
ergänzt und etwas verändert. Es ist eines der besten Bücher
geblieben.

Von einem besonderen Thema ausgehend, der Entdeckung
der Landschaft in ihrer literarischen Darstellung in deutscher
Sprache, hat Rudolf Borchardt die poetischste Anthologie in
Prosa geschaffen, *Der Deutsche in der Landschaft* (1925). Die
Texte beginnen 1780 und umfassen das klassische Jahrhundert, das mit einem poetischen Anstoß auch in Prosa beginnt
und diese Poesie im Geiste wissenschaftlicher Objektivierung
verwandelt. Da erscheinen im gleichen Range Dichter, Reisende, Naturforscher, Diplomaten, Militärs und Juristen und
schreiben vorzüglich und erweisen das, was Goethe einmal die
»unsichtbare Schule deutscher Prosa« genannt hat. Borchardt
hat mit dem *Ewigen Vorrat deutscher Poesie* (1926) auch eine
vorzügliche Lyrik-Anthologie voller Entdeckungen seit dem
Ausgang des Mittelalters geschaffen, die mit dem sehr blassen
Gedicht von R. A. Schröder am Schluß eigentlich nicht zu Ende
sein darf.

Dem Verlangen nach einer breiteren Kenntnis der neuen
Lyrik aus den vielen Sprachen, die an ihr mitwirkten, kam
Hans Magnus Enzensbergers Versuch entgegen, ein *Museum
der modernen Poesie* (1960) zu gründen. Die erste Ausstellung,
bei der es leider blieb, war ein Band mit Gedichten, der neben
der deutschen Fassung Originale aus 16 Sprachen anbot (die im
Taschenbuch-Nachdruck leider fehlen). Die Leser waren er-
staunt, manche ein wenig überfordert, aber so fühlen sie sich
auf der Documenta in Kassel auch, die Auswahl war strittig,
manche Übersetzung wurde heftig gerügt, aber es war nicht
mangelnder Erfolg, der keine Institution daraus werden ließ.

Es fehlt an dem Bewußtsein, daß hier eine Aufgabe liegt.
Wer würde denn Theaterstücke lesen oder gar verlegen, wenn
nicht jede mittlere und größere Stadt eine hochsubventionierte
Institution besäße, die das Interesse daran wach zu erhalten
versucht? Die öffentlichen Kunstsammlungen folgen einem
kommerziellen Trend, das schon Berühmte teuer und das

74

Teure deshalb berühmt und noch teurer zu machen, und kaufen Objekte, die sie bei größerer Sachkenntnis einige Zeit früher zu einem Bruchteil des Preises hätten erwerben können. Es ist gut, daß Poesie weitgehend vom Markt unbehelligt bleibt. Aber das muß doch nicht heißen, daß sich niemand mehr um sie kümmert und daß es so wenig gescheite Anthologien gibt!

Theater gehört ins Theater!

... vom Drama ganz zu schweigen. Eigentlich ist Shakespeare an allem schuld. Und seine deutschen Bewunderer. Als der Konflikt noch jung war, wetterten die Pastoren gegen das Theater. Mit der lebendigen Verkörperung der Leidenschaften bildete es die Konkurrenz zur Kanzel, eine gefährliche, manchmal siegreiche Konkurrenz. Aber es scheint entsetzlich schwer zu sein, anständige Theaterstücke zu schreiben. In Shakespeares Zeit lebte man von der Hand in den Mund, aus Novellen machte man Dramen, und man wäre sehr verwundert gewesen über die ständigen Neuinszenierungen alter Stücke.

Nun ist das Versdrama Poesie und hat es ebenso schwer wie Lyrik, gut übersetzt zu werden. Merkwürdigerweise favorisiert der Literaturunterricht in den Schulen das Drama. Einmal ist es nicht sehr lang, man kann es in ein paar Stunden und noch dazu mit verteilten Rollen lesen. Das ist komisch, auch bei Trauerspielen, und bewahrt vor Müdigkeit. Während Filmregisseure Romane bevorzugen, lassen sich Dramen unmittelbar und auch von Laien aufführen.

Theaterstücke haben ein Problem und lösen es, wenn auch oft tödlich, meistens innerhalb von drei Stunden. Das kommt im Leben selten vor. Einmal war das Theater eine ungeheure Erfindung. Stoffe, die vorher dem Mythos oder dem Epos zugehörten, wurden auf die Bühne gestellt. Erst ein Schauspieler gegen den Chor, dann zwei in wechselnden Rollen, das war die zweite große Erfindung. Einer gegen den anderen, in einem unvermittelbaren Konflikt. Seither begreifen wir uns selbst und die Konflikte zwischen dem einzelnen und der Gesellschaft, zwischen alten und neuen Rechtsordnungen unter der Form des Dramas.

In Griechenland ist es aus dem Kult entstanden und war eine ebenso politische wie religiöse Angelegenheit der gesamten Bürgerschaft. Man ging einmal im Jahr ein paar Tage lang ins Theater, sah sich an, was geschrieben und inszeniert worden war, und stimmte ab. Keineswegs immer für die Stücke, die wir inzwischen für die besten halten. Der Tag war lang. Eine Trilogie von drei Tragödien und eine Komödie als Rausschmeißer, um die Leute nach so viel Konflikten wieder mit der Wirklichkeit zu versöhnen.

Die Vorstellung, daß man das hintereinander weg in einem gepflegten humanistischen Gymnasium ein für allemal fürs Leben lernen könne, ist absurd. Aischylos ist zu archaisch, Euripides zu modern, Aristophanes unanständig, und mit Sophokles kommt auch kaum ein Schulmeister zurecht. Also gehören Theaterstücke in eine auch noch so kleine Bibliothek, und sie existieren in soliden Taschenbuchausgaben.

Shakespeare liest man am besten und am preiswertesten in der einbändigen Oxford-Ausgabe im englischen Original. Ob man ihn in dieser oder jener Übersetzung wiederfindet, das hängt auch vom individuellen Geschmack und der Sprachkenntnis ab. Das Original bleibt unersetzbar, noch mehr bei Racine, der es immer noch nicht geschafft hat, auf die deutsche Bühne zu gelangen. Calderón in wenigen Stücken, in Max Kommerells Übersetzung, aber das merken wieder die meisten Dramaturgen nicht.

Wir kennen eine andere Antike als zu Shakespeares Zeit. Damals beherrschten nicht die griechischen, sondern die lateinischen Dramatiker die Bühne. Man spielte Plautus, Terenz und Seneca, den man durch sehr viel schlechtere Horrorstücke überflüssig gemacht hat.

»Little Latin and Less Greek«

»Ein bißchen Latein und noch weniger Griechisch«, so charakterisierte man Shakespeares klassische Bildung. Er benutzte, wie wir, Übersetzungen, aber er las mit höchster Aufmerksamkeit die Lebensläufe des Plutarch, die italienischen Novellen und die damals noch ganz jungen *Essays* von Montaigne. Und machte etwas daraus.

Jetzt holen wir einmal tief Luft und fragen uns, welche Bücher der klassischen Überlieferung sind unentbehrlich. Es geht um eine kleine Bibliothek, und das heißt, nicht nur um die Bücher, die man hintereinander liest und weglegt, sondern um die, die man hat, damit man sie zur Hand nehmen und nachschlagen kann. Man liest nicht sieben Tragödien hintereinander weg. Aber wenn ein Theater die *Bakchen* des Euripides zum Leben erweckt oder die *Orestie* des Aischylos, dann ist es schön, sie zu besitzen.

Unentbehrlich sind:

Homer, *Ilias* und *Odyssee*

Eine Anthologie griechischer Lyrik (Sappho und die anderen)

Aischylos, Sophokles, Euripides

Aristophanes

Herodot und Thukydides (wir kommen noch darauf)

Die Vorsokratiker (Heraklit, Thales, Parmenides und die anderen, alles in einem Bändchen)

Platon (man fängt mit *Phaidros* oder dem *Symposion* an, damit man weiß, was Schönheit und Liebe ist, und hält das andere in Bereitschaft)

Aristoteles, *Über die Seele*, zum Anfangen, die *Metaphysik* und die *Nikomachische Ethik* kommen in die Reserve

Werfen wir jetzt einen Blick auf die lateinischen Autoren und dann auch auf die der griechischen Spätantike, so sieht die knappste Auswahl so aus:

Lukrez, *Von der Natur der Dinge*

Vergil, *Aeneis* und *Hirtengedichte (Eclogae)*

Catull und Horaz, in zweisprachigen Ausgaben

Ovid, *Metamorphosen*

Sallust und Tacitus als Historiker

Petronius, *Satyricon*

Apuleius, *Der goldene Esel* (mit *Amor und Psyche*)

Plutarch, *Lebensbeschreibungen* (oder »Große Griechen und Römer«)

Marc Aurel, *Selbstbetrachtungen* (oder »Wege zu sich selbst«)

Dann wird die Antike schon sehr spät, und ich beschränke mich, nur als Vorschlag, auf zwei Titel:

Plotin, *Über Ewigkeit und Zeit* (kommentierte Ausgabe)

Augustinus, *Bekenntnisse*

Das ist kein Kanon (zu deutsch: Rohrstock), sondern ein Anhaltspunkt, um neugierig zu machen. Die lateinische Schulbildung beruht(e) auf Caesar, Cicero und Livius, und das mag der Grund sein, daß darauf niemand neugierig ist. Ich habe bisher noch keinen getroffen, der sie zum Vergnügen gelesen hätte. Und das ist schade. Caesar ist ein glänzender Schriftsteller, auf Cicero beruht die lateinische Sprachkultur der Neuzeit, und Livius ist die Quelle für die republikanische Frühgeschichte Roms.

Zu weiteren Entdeckungen wird Gelegenheit sein. Ovids *Liebeskunst* brauche ich nicht zu empfehlen. In Rom haben manche die Elegiker entdeckt, Tibull und Properz. Wer etwas vom Alltagsleben erfahren möchte, nimmt die Satiren, neben Horaz vor allem Juvenal, und die Epigramme von Martial. Da wird das großstädtische und freche Rom lebendig.

Das sind, wenn man bei Platon und Aristoteles mit einem Band anfängt, 25 Bände, die es alle im Taschenbuch gibt. Das ist nicht teuer, damit kann man leicht umziehen, und man besitzt den Kern der klassischen Überlieferung.

Die heilige Dreifaltigkeit

Dante, Shakespeare, Goethe – das war das Schlagwort der Romantiker. Ungefähr zu der Zeit, als die Souveräne Europas eine Heilige Allianz (mit wenig Erfolg) schlossen, beschworen die Romantiker, Friedrich Schlegel vor allem, diese heilige Dreifaltigkeit der Poesie.

Das war tendenziös (antifranzösisch), aber sehr wirkungsvoll. Jean Paul, der selbst von barockem polyhistorischen Lesehunger war, beschreibt seine Überraschung, als er den jungen Friedrich Schlegel kennenlernte, der ganz wenig gelesen hatte, aber, wie er zugesteht, die richtigen Sachen. Nun bleibt es natürlich nicht bei drei Autoren, Cervantes und auch Calderón kommen dazu, aber Racine fehlt, und Petrarca, Ariost und Tasso geraten ins Hintertreffen. Goethe, der noch lebte und bald den viel offeneren Begriff ›Weltliteratur‹ einführen sollte, wird als Verkörperung einer Nationalliteratur und als Klassiker von europäischem Rang erkannt. Und das zu einer Zeit, als viele das nicht begriffen. Noch galt manchen Klopstock als der eigentliche Poet, oder man setzte Schillers etwas künstliche Erhabenheit über Goethe.

Dante, Shakespeare, Goethe, das hieß vor allem, Werke, die eine Welt enthalten und anschaulich werden lassen. Die Neuentdeckung Dantes ist, wie erwähnt, eine Tat der Romantik. Vorher glaubte man, ihn nur in einzelnen »schönen Stellen« genießen zu können, wich erschreckt vor den grauenerregenden Szenen der Hölle zurück und fand die mittelalterliche Weltdeutung überholt. Jetzt begann man, ihn mit anderen Augen zu lesen. Aus seiner Poesie erstand das vollständige Bild einer vergangenen Welt. Man brauchte nicht mehr Dantes Auffassungen über Theologie, Astronomie und Reichsgeschichte zu teilen, um ihn verstehen, würdigen und lieben zu können.

Diese Dreifaltigkeit hat erstaunlichen Bestand. Noch heute, wenn man in Europa Umfragen nach den größten Autoren (aber nicht des eigenen Landes) veranstaltet, nehmen die drei vorderste Plätze ein, neben Cervantes, Kafka, Proust und Joyce. Daraus kann man nicht ohne weiteres auf die Lektüre

schließen. Shakespeare bleibt auf der Bühne gegenwärtig –
international. Wenn Flaubert einer Freundin Lektüre für ern-
ste Stunden empfiehlt, so sind es *Hamlet* und *Faust*. Und Hamlet und Faust las man im Familienkreise, Richard Wagner mit
den Seinen, Gustav Mahler im Kreise seiner Schwestern...

Dante wird in Italien in der Mittelschule gelesen, Gesang für
Gesang, mit Erläuterungen. Italiener kennen deshalb alle Einzelheiten, haben die *Göttliche Komödie* aber nie wie ein Buch
im Zusammenhang gelesen. Giorgio Manganelli hat dem abzu-
helfen versucht, indem er für Italiener eine Rezension dieses
großen unbekannten Buches schrieb, so als sei es eine Neuer-
scheinung der Saison. Zur Lektüre muß man einladen und Mut
machen.

Wenn Dante (1265–1321) Prosa schrieb, so schrieb er noch
Latein. Die Bildung, sofern sie modern und höfisch war, war
(alt-)französisch. Francesca liest den Lancelot-Roman in dieser
Sprache, und Dantes Lehrer Brunetto Latini verfaßte darin
eine kleine Enzyklopädie *(Li livres dou tresor)*. Dante macht
das Italienische erst zu einer Literatursprache. Und das bleibt
ihm treu, ganz erstaunlich, trotz aller kleinen Wandlungen im
Laufe langer Zeit. Dazu bilden sich das Englische und auch das
Französische erst später aus, und auch das Deutsche. Die
Lutherbibel wird unaufhörlich revidiert und sprachlich moder-
nisiert, was man sich bei Dante oder Shakespeare nicht erlau-
ben kann.

Übersetzungen gibt es viele. Zu denen, die sich bewähren,
gehören die von Philalethes (das war König Johann von Sach-
sen), von Otto Gmelin (mit und ohne Kommentar), von Karl
Vossler. Auch wenn man nur ein wenig Italienisch versteht,
sollte in einer Bibliothek das Original daneben stehen. Und hat
man italienische Freunde, so bittet man sie einfach mal, ein
Stück daraus vorzulesen. Sie können es meistens und tun es
sogar gern.

Über jeden unserer drei Autoren, Dante, Shakespeare,
Goethe, ist bekanntlich eine ganze Bibliothek geschrieben worden. Aber muß man die auch lesen?

Literaturwissenschaft als Flucht vor der Literatur

Diese Formel hat natürlich ein Literaturwissenschaftler geprägt (es war ja auch ein Kreter, der sagte: Alle Kreter sind Lüg-
ner); ich entleihe sie dankbar Leonard Forster.

Bücher gibt es nicht einfach. Sie zeugen sich fort. Aber während die antiken Philologen die Zahl der Bücher, die weiterhin
durch mühsames Abschreiben erhalten werden, drastisch redu-
zierten, vermehren die modernen Literaturwissenschaftler sie,
indem sie Bücher über Bücher schreiben und dabei gar keine
Zeit mehr finden, die Werke selbst zu lesen. »Lesen kann ich
nicht, aber schreiben«, sagt der Harlequin, und nach einer
geheimen Überlieferung war das schon die Parole des New Cri-
ticism, und nur Phantasten mochten glauben, schlimmer
könne es ja gar nicht werden.

Deshalb spreche ich nur von ganz wenigen Büchern. Sie
haben die Eigenschaft, die Augen zu öffnen, die eigene Lust am
Lesen und Entdecken mitzuteilen oder ein genaues, abwägen-
des und verstehendes Lesen vorzuführen. Die, die ich hier
nenne, sind die Frucht einer reifen Erfahrung. Und die einer
bitteren Erfahrung, von Krieg und Not, von Barbarei und Ver-
höhnung geistiger Überlieferung.

Das eine trägt den Titel *Europäische Literatur und lateini-
sches Mittelalter* (1948). Geschrieben hat es Ernst Robert Curtius, ein deutscher Romanist, der sich um die Kenntnis der
modernen französischen Literatur im Deutschland nach dem
Ersten Weltkrieg bemühte und selbst manch bedeutendem
Dichter freundschaftlich verbunden war. Als die Politik ihm
den Boden dafür entzog, suchte er Abstand von der Gegenwart
und begann, die literarische Überlieferung Europas über die
großen Katastrophen der Spätantike und des frühen Mittelalters hin zu untersuchen. Als die hohe Poesie zu Ende gekommen war, fand diese Überlieferung auf niederer Ebene statt, in
den Schulen, im Rhetorik-Unterricht, in bescheidenen Gattungen.

Das war nicht unbekannt. Aber das Mittel-Latein, worin
diese literarische Überlieferung stattfand, wurde von den klas-

sischen Philologen verachtet und von den Romanisten als wenig geliebte Vorbereitungsarbeit für die »richtige« Literatur so eben absolviert. Curtius entdeckte darin das Medium, das höchst lebendige Bindeglied zwischen Vergil und Dante. Die technischen Mittel setzen sich fort, und sie setzen sich durch im Übergang aus einer antiken, heidnischen Kultur in eine neue, christlich bestimmte, aber lateinische Überlieferung.

Ernst Robert Curtius hat keine Literaturgeschichte geschrieben, sondern er hat von Themen und Motiven aus diesen Zeitraum erschlossen, lebendig gemacht und mit modernen Fragestellungen konfrontiert. Man kann im ganzen und in vielen Einzelheiten anderer Meinung sein. Man kann die Akzente anders setzen, man kann viel mehr Brüche und Sprünge als Kontinuität wahrnehmen und viele Linien anders zeichnen. Aber niemand hat ein lebendigeres und in die Poesie verliebteres Buch geschrieben.

Das zweite Buch, das ich nennen möchte, ist zur gleichen Zeit unter ähnlich befremdlichen Umständen geschrieben worden. Als Curtius sein Buch redigiert, in den ersten Jahren nach dem Zweiten Weltkrieg, hatte man ihm die gute Schreibmaschine gestohlen, Ersatz gab es kaum, und es gab keinen Kaffee, um sich bei der Arbeit wach zu halten.

Erich Auerbach, auch ein deutscher Romanist, war vor der Nazi-Diktatur nach Istanbul entkommen. Dort fehlte es an wissenschaftlichen Bibliotheken mit der Forschungsliteratur. Oft waren nicht einmal die Texte in guten Editionen zugänglich. Und dieser Mangel ist vielleicht die Voraussetzung dafür geworden, ein knappes und lesbares, nicht durch Anmerkungen beschwertes Buch über die europäische Literatur von Homer und der Bibel bis zu Marcel Proust und Virginia Woolf zu schreiben.

Das Buch heißt *Mimesis* und stellt sich die Aufgabe, die Darstellung der Wirklichkeit zu verfolgen. Die Fragestellung ist fruchtbar genug, um die Literatur aus drei Jahrtausenden unter einem Gesichtspunkt Revue passieren zu lassen. Und die großen Wandlungen in der Wahrnehmung und Beurteilung des irdischen Geschehens werden anschaulich und verständlich.

Es sind kaum unterschiedlichere Temperamente und Charaktere denkbar, in ihrer Lektüre, in ihrem Urteil, als Curtius und Auerbach. Aber in gegenseitiger Achtung erscheint die Überlieferung der europäischen Literatur nach getaner Arbeit von beiden klarer, begreiflicher, verlockend sowohl wie zum Verständnis einladend. Beide haben auch andere, vorzügliche Bücher veröffentlicht, die derzeit z. T. unbegreiflicherweise nicht im Buchhandel sind, nur in Bibliotheken konsultiert werden können. Das muß anders werden.

Zwei Bücher. Das soll nicht heißen, daß es sonst keine vernünftigen Bücher zur Literatur gibt. Aber sie sollen die Werke selbst nicht ersetzen, sondern erschließen. Für einen problematischen Charakter wie Rousseau ist das Buch von Jean Starobinski, *Rousseau. Eine Welt von Widerständen*, ein Zugang. Ein so überraschender Text wie *D'Alemberts Traum* von Diderot wird durch den Essay *Die künstlerische Form des Rêve de d'Alembert* von Herbert Dieckmann (in: *Studien zur Europäischen Aufklärung*) erschlossen, so daß man mit dem Stilwandel auch den Wechsel der Wirklichkeitserfahrung, der wissenschaftlichen Experimente, der Erklärung des Universums und des Materiebegriffs zu verstehen beginnt.

Wie altmodisch ist die Moderne?

Und wo fängt sie eigentlich an? Bei Diderot? Bei ihm kann man den Wechsel vom Substanz- zum Funktionsbegriff, vom alten geometrischen Modell zum neuen ungesichert »biologischen« Modell der Rekonstruktion der Wirklichkeit fast mit Händen greifen. Er und diejenigen, die ihm geistig nahestanden, Sterne in England, Galiani in Italien, Montesquieu, Voltaire und Rousseau, und in Deutschland Lessing und Goethe, die ihn übersetzten, waren nicht Schriftsteller, die Worte machten und Meinungen vertraten wie Gefühle. Sie forschten, dachten und experimentierten oft sogar mit nicht weniger Sachkenntnis und Intelligenz als die Kollegen vom Fach, und sie stritten heftig mit ihnen.

Das heißt, einer der schlimmsten Rückschritte der Moderne ist die unsinnige Fächertrennung des Denkens, die Arbeitsteilung bis ins Absurde. Schriftsteller werden Laienpsychologen und -soziologen, pachten das Leiden an der Welt oder bewältigen es als Zuckerbäcker. Man kann die Literatur nicht von einem Bücherherbst auf den anderen beurteilen. Es gibt Dinge, die verlorengehen, und andere werden erfunden.

So ergibt es sich, daß die großen Bucherfolge gerade in der erzählenden Gattung, im Roman, gedanklich oder formal oft etwas zurückgeblieben sind. Sie zehren von dem Zwiespalt zwischen Erkenntnis und lebendiger Erfahrung und versöhnen sie auf dem geringsten gemeinsamen Nenner. Und die, die etwas entdecken und eine neue Wahrnehmung der Wirklichkeit in einer neuen Sprache darstellen, haben es am Anfang meist recht schwer mit ihrem Publikum. Ich erwähne es nur, weil man in der gleichen Zeit auf zwei ganz verschiedene Reihen der bemerkenswerten Bücher kommen kann. Einmal die repräsentativen Erfolgsbücher, die man später vergißt, und dann die Bücher, die ihrer Entdeckungen und ihrer Sprache wegen erst schwierig scheinen und langsam selbstverständlich werden, ja unentbehrlich.

Das ist ähnlich wie in der Musik. Nur für Rundfunkredakteure gibt es alte und moderne und E- und U-Musik. Wenn ein erfahrener Musiker eine Beethoven-Symphonie in einer unerhört neuen Dynamik aufführt und ein anderer Gambenmusik des 17. Jahrhunderts für sich und sein Instrument entdeckt, so kann das sehr viel moderner sein, als wenn übermorgen einer noch einmal Sibeliusschen Schwulst in neue Formen kleistert. Und wenn eine lebendige Interpretation ein halbes Jahrhundert alt ist, so hat sie zwar technische Eigenheiten, aber sie muß längst nicht so überholt sein wie eine totgeborene Einspielung auf neuestem Standard, wobei ein Weltorchester wie eine Feuerwehrkapelle spielt.

Wir hören heute andere Werke aus vergangener Zeit, und wir hören sie mit anderen Ohren. Wir lassen den Komponisten heute, wenn sie in vielleicht längst verblichenen Gattungen (Avantgarde eingeschlossen) arbeiten, sehr viel mehr Zeit, als ihre Vorgänger hatten, und wir hören heute daneben ganz anderes. Die Rhythmen des afrikanischen Kontinents sind machtvoll über beide Amerika und das Mittelmeer hinweg zu uns gekommen. Es stehen dem Hörer wie dem Musiker ganz andere Optionen offen. Uns soll das vor dem analogen Irrtum schützen, als gäbe es neue Bücher für uns und alte nur für die Historiker der Literatur.

Auf eines muß man gefaßt sein. Ältere Texte bedienen nicht die Vorurteile von heute und gleiten nicht auf dem Gerede von gestern. Auch der komischste Text, Aristophanes' unendliche Zote – Hegel merkte, wie »sauwohl« dem Menschen dabei sein könne – setzt Arbeit der Aneignung voraus. Manchmal hat sie ein Schauspieler oder Regisseur schon für uns getan, aber oft auch nicht. Darüber darf man nicht verzweifeln.

Eine andere Schwierigkeit liegt darin, daß der Blick und die Leseerfahrung in den verschiedenen Ländern doch sehr durch die eigene Sprache geprägt sind. Dabei machen die Bibel und die großen Klassiker kaum eine Ausnahme, denn sie sind ja, und in verschiedenen Ländern unterschiedlich, durch Übersetzungen heimisch geworden. So kann es geschehen, daß wohlmeinende Angelsachsen wichtige Bücher der Moderne aufzählen, dabei aber Baudelaire und Flaubert vergessen. Andererseits findet man dort Lord Byron großartig (aber ungelesen, da er Verserzählungen schrieb), Walt Whitman (der für uns ein zeitloser Romantiker ist) und Lewis Carroll, den man bei uns für den Verfasser eines oder zweier merkwürdiger Kinderbücher hält, den aber im Englischen etwa die Philosophen nach der Bibel am meisten zitieren!

Als Jack London, vom allgemeinen Goldrausch erfaßt, nach Alaska aufbrach, packte er vier gewichtige Bücher ein: Milton, *Das verlorene Paradies* (1667), Gibbon, *Niedergang und Fall des Römischen Reiches* (1776–88), Darwin, *Ursprung der Arten* (1859) und Marx, *Das Kapital* (1864–79). Drei englische und eines in England geschrieben, alle bedeutend, wenn auch nicht leicht lesbar. Und eines haben sie gemeinsam: Jeder der Verfasser will auf die wichtigste Frage seiner Zeit antworten: Wie kam das Übel in die Welt? Wie ging Größe unter? Wie entstand der Mensch? Wovon lebt der Mensch? Jack London hat nicht versucht, aus vier Büchern ein fünftes zu machen, und Gold hat er auch nicht gefunden. Aber er hörte in den Kneipen den abenteuerlichen Geschichten der Goldgräber zu und machte daraus seine Erzählungen.

Wenn man sehr jung ist, will man auf die ganz schweren Bücher losgehen. Und daneben liest man Sachen, die man wieder vergißt, über die man hinauswächst. Wenn man zu früh und ausschließlich Bedeutendes lesen will, übernimmt man sich und bringt später seine Zeit mit Nichtigkeiten zu. Was die Schule etwa an guten Texten bringt, wird oft wieder dadurch verdorben, daß man dämliche Aufsätze schreiben oder klug darüber reden soll, ehe man lesen gelernt und zugehört hat, was darin steckt.

Die nicht mehr fremden Sprachen

Was man so Fremdsprachen nennt, ist ja, näher betrachtet, nur so lange fremd, bis man es kennt. Und die eigene Sprache wird immer rätselhafter, je vertrauter man mit ihr lesend oder schreibend umgeht. Immer mehr Menschen kommen heute, freiwillig oder nicht, in die Lage, mit mehreren Sprachen umzugehen. Längst ist es nicht allein die Schule, sondern Berufserfahrung, Auslandsaufenthalt, Ortswechsel aller Art. Wer ein Talent hat zu erzählen, der tut es dann nicht nur auf englisch, deutsch, französisch oder russisch, sondern auf sizilianisch, kölnisch, anatolisch und berlinisch...

Alle historischen Veränderungen spielten sich in der Begegnung mehrerer Sprachen ab und im Kontrast der verschiedenen Denkweisen, die mit ihnen verbunden sind. Kulturelle Vielfalt wird sich auch weiterhin behaupten mit der Identität verschiedener Sprachen. Um so wichtiger wird die Mehrsprachigkeit der einzelnen. Nur Narren und Bürokraten wollen eine Einheitssprache und Einheitsregierung (jeder natürlich eine andere). Bildungsziel ist aber nicht der vielsprachige gelehrte Hund, der im Zirkus gezeigt wird, sondern freie Menschen, die ihre Erfahrungen machen, die reisen, die mit Sympathie bestimmte Denk- und Lebensweisen und deren Sprachen ausprobieren.

Danach bestimmt sich natürlich auch jede mögliche Auswahl. Ein Leben ohne Poesie ist ein Irrtum. Aber gerade sie ist so gut wie unübersetzbar. Also gehören Sachkenntnis und Leidenschaft zusammen, um die Fremdheit einer Sprache zu überwinden. Und weil man in der eigenen Sprache sogar allzu kritisch und leicht müde wird, lesen manche Poesie am liebsten in anderen Sprachen, Franzosen in englischer, Amerikaner in französischer Sprache usw.

Und eine weitere Fremdheit muß in der eigenen Sprache überwunden werden. So glauben deutsche Studenten oft, Descartes auf französisch sei schwer und Hegel auf deutsch leichter. Aber bald merken sie, wie sie sich täuschen.

Fremd erscheinen Werke durch ihre überraschende Neuheit und unsere alten Vorurteile. So galten Baudelaires *Fleurs du mal* (1857) und Flauberts *Madame Bovary* (ebenfalls 1857) zunächst als anstößig, unsittlich und dekadent, bis man entdeckte, daß es sich um Werke von klassischer Klarheit und großer Reinheit in ihren künstlerischen Prinzipien handelt. Der Weg dahin war lang. Wenn Proust etwa (in *Tage des Lesens*) vom Gebrauch des Imperfekts bei Flaubert und von der schlichten Schönheit mancher Verse von Baudelaire spricht, so ergeben sich Einsichten in die Kunst. Wenn jemand zu wissen glaubt, wie Flaubert eigentlich hätte schreiben oder wofür er politisch hätte eintreten sollen, so verschließt er sich möglichen Einsichten.

Und es sind ja auch nicht nur die ganz Großen, von denen eine Literatur lebt. Dante setzt z.B. die Freunde und Gegner bei den Troubadours voraus. Für die, die später kamen, war Baudelaire vielleicht zu abgeschlossen, schon von anderen besetzt, und so war es öfter Lautréamont, *Les Chants de Maldoror* (1869), womit junge Menschen aufbrachen, um über sich und die Kunst ins klare zu kommen. Wie man das beurteilt, wenn man es kennt, ist eine andere Frage, aber nur ein deutscher Nachtwächter der Literatur ist imstande, ausgerechnet diese berauschend rhythmische Prosa in ein »Bildungsgärtlein« zu verweisen.

Die Frage, ob ein solches Werk der Poesie nichtfranzösischen Lesern empfohlen werden kann, hängt an einer guten Übersetzung und der Übersetzbarkeit. Klassische Werke der Poesie (Baudelaire) gibt es glücklicherweise in zweisprachigen Ausgaben, solche in Prosa nur, wenn sie kurz sind (etwa Flaubert, *Drei Erzählungen/Les trois contes*).

Die Post bringt keinen Brief für dich!

Wären unsere Postverwaltungen ein wenig gescheiter, so bekämen wir öfter einmal, wenn uns sonst keiner schreibt, einen der herrlichen Briefe im Faksimile, die Madame de Sévigné oder Rahel Varnhagen, Lessing oder Diderot, Goethe, Voltaire, Flaubert, Kafka und Virginia Woolf und manch andere geschrieben haben.

Briefe entstehen dann, wenn jemand, den man kennt und liebt, abwesend ist. Das führt zu der ein wenig perversen Situation, daß seit der Publikation privater Briefwechsel jeder die Gefühle von Liebenden und die Gedanken der Autoren und Künstler nachlesen kann, während das, was sie sich sagten, (glücklicherweise) unserer Neugier verschlossen bleibt. Der Brief ist ein kunstvoller Ersatz für das fehlende oder unterbrochene Gespräch. Und da keiner dazwischenreden kann, sieht man am Stil des Briefs, ob der Adressat im Geiste gegenwärtig ist.

Daneben ist der Brief eine literarische Gattung, und es gab immer schon welche zum Vorlesen und solche, die man »hinter den Spiegel steckte«, wo sie damals jeder sehen konnte. Das Verhältnis von Öffentlichem und Privatem ändert sich fortwährend in den einzelnen Gesellschaften, und keineswegs nur in einer Richtung. Die Satiren des Horaz und die Intimitäten mancher Kirchenväter sind sehr viel direkter – aber unter dem Heiligenschein des Klassikers – als manches, was moderne Zensoren und demokratische Staatsanwälte verboten haben (meist nicht für lange, und häufig haben sie die Bücher zu Bestsellern gemacht).

Der Reiz besteht darin, ins Vertrauen gezogen zu werden oder in die Werkstatt schauen zu dürfen. Eine Sensibilität zu fühlen, die nicht hinter den manchmal starren literarischen Formgesetzen verschwindet. Freilich ersetzen Neugier und Indiskretion nicht Sachkenntnis und Urteil, aber es gibt herrliche Temperamente des Beobachtens und des Plauderns, die in keine andere Gattung passen und deshalb den Brief entwickelt haben, wie eben die Rahel und Madame de Sévigné.

Denen, die auch sonst Literatur hervorbringen, gibt die Gattung Brief die Chance, sich freier zu entfalten und öfter das Thema zu wechseln. So gibt es seit der Antike Reisebriefe (Plinius) oder Trostbriefe (Cicero und Seneca); in der Renaissance stellt Petrarca die großen Augenblicke seines Lebens wie den wirklichen und symbolischen Aufstieg auf den Mont Ventoux in Briefen dar, und er kann sogar Briefe an längst Verstorbene wie den verehrten Cicero richten; Machiavelli ironisiert sein eigenes Leben, und seit Erasmus von Rotterdam kommt jene Mischung von Gelehrsamkeit, Polemik und Selbstdarstellung in die literarischen Briefe, die später das Feuilleton bilden.

In der Epoche der Empfindsamkeit und ehe es Zeitungen gab, verbrachten manche, besonders die Damen auf einsamen Gutshöfen, ebensoviel Zeit mit dem Aufzeichnen ihrer Erlebnisse in Briefen und Tagebüchern wie mit dem Erleben selbst. Was der Brief schon anderen mitteilt, behält das Tagebuch erst einmal für sich. Aber beide schaffen eine Intimität, die ihren Bruch schon einkalkuliert und durch die Schrift auf Objektivität zielt: Das für mich oder für dich allein ist nicht buchstäblich wahr, sondern will Allgemeinheit. Darin sind der Brief und das Tagebuch (Virginia Woolf, Kafka, Frisch), die Memoiren und die Autobiographie (etwa Sartre *Die Wörter*) verwandt.

Und all das geriet durcheinander, seit Montaigne den Essay erfand. Der unersetzbare Freund, Etienne de la Boétie, der die Schrift *Von der freiwilligen Knechtschaft* verfaßt hatte, war ihm gestorben, wichtige Briefpartner sah oder suchte er nicht, und die Ereignisse bedeuteten ihm nicht genug, um sie aufzuzeichnen. So macht er sich Gedanken unter Stichworten und reichert sie an mit den Früchten seiner Lektüre, um durch seine Erfahrung das Leben überhaupt (»l'humaine condition«) zu begreifen. Seither − 1580 erschien die erste Ausgabe der ›Essais‹ − gibt es den Essay, den Versuch, mit den Gedanken ein Stück Wirklichkeit zu erfassen.

Gedanken in Blitzen und in Strömen

Der Essay kann eine Bewegung sein, bei der vielerlei vor den Augen vorüberzieht, er kann aber auch ein Ergebnis haben. Und wenn man diese Bewegung nicht eigens beschreibt, sondern in einem Satz zusammenballt, so entsteht ein Aphorismus. Der will seine Umgebung und Entstehung vergessen machen und nur noch wahr sein oder doch einleuchten. Und er steht nicht lediglich in Aphorismensammlungen, unter *Maximen und Reflexionen* (La Rochefoucauld, Chamfort, Goethe), sondern als Sentenz auch schon im klassischen Drama.

Shakespeare schafft es, mit zehn Wörtern einem Boten ein menschliches Antlitz zu geben. Wer schreiben kann, braucht keine Umstände zu machen. Im ersten Satz steht ein verkleinertes Abbild des Ganzen da, oder seine Verrätselung. Laurence Sterne hat zwei Bücher geschrieben. Eine wunderschöne kleine *Empfindsame Reise durch Frankreich und Italien* beginnt mit dem Satz: »They order, said I, this matter better in France« (Dieses Ding, sagte ich, verstehen sie in Frankreich besser); und natürlich ahnt man, aber erfährt bis zum Ende nicht, was für ein Ding das ist. Sein viel bedeutenderes Hauptwerk, der *Tristram Shandy*, beginnt mit einem langen, herrlich verschnörkelten und nur scheinbar komplizierten Satz, den man aber selbst nachlesen muß, um sich in das Vergnügen zu stürzen.

Mit der Erfindung des Essays hat Montaigne die falsche Ernsthaftigkeit der großen Themen und die falsche Scham vor der Wirklichkeit unseres Körpers zunichte gemacht. Mit dem Dogmatismus ist es ebenso vorbei wie mit den schmachtenden

Rittern und den furchtlosen Helden. Die Linie des Gedankens ist die Abschweifung, der Mensch kennt seinen Widerspruch und überläßt es nicht mehr anderen oder der Religion, den Gegensatz von Stoff und Geist, von Zeit und Unendlichkeit zu vermitteln. Deshalb wirkte Montaigne so stark auf alle, die ein Selbstgespräch ihrer Gedanken begannen – Descartes und Pascal zuerst –, und wurde von Theologen als Gegner erkannt.

Ob man dann Gedankenprosa schreibt, die sich aller Kräfte des Stils und bildlicher Anschauung bedient, oder Romane, die gar nicht anders können, als die Bedingungen unserer Gefühle freizulegen (um auf Gedanken zu führen), macht keinen großen Unterschied. Nicht auf die äußere Gattung und Form kommt es an, sondern auf die Sprache. Und wenn die stimmt, wenn sie, wie man gern sagt, authentisch ist, dann wirkt sie. Wenn es einer aber auch noch so gut meint und nur Worte macht und sie mit anderer Leute Gedanken aufbläht, so sieht es schlecht aus. Und irgendwann merken es die Leute, auch wenn sie erst noch so sehr davon angezogen sein mochten.

Das heißt nicht, daß es nicht auf sehr verschiedenen Ebenen Authentizität gebe, oder daß das individuelle Schreiben dem folgen müsse, was Goethe das »Pariser Salongeschwätz« nannte. Und wir dürfen nicht vergessen, daß die großen klassischen Autoren, Homer, Dante, Shakespeare, all ihre Kräfte für ein Publikum von Analphabeten aufgeboten haben. Shakespeare gibt meist mehr, als für den Fortgang der Handlung allein nötig wäre. Wenn er in *Romeo und Julia* plötzlich eine Tirade über den Fluch des Geldes losläßt, dann hat er gewiß die *Utopia* des Thomas Morus gelesen, und die Geschichte des eifersüchtigen Mohren Othello schöpfte er aus einer italienischen Novelle. Aber er machte nicht Literatur für Literaten, sondern Poesie für Menschen, die in einer weitgehend mündlichen Kultur zu Hause waren.

Montaigne dagegen hat ein Buch geschrieben, das nicht mehr als Gesang oder Gedicht oder durch eine Aufführung in die Gedanken des Lesers dringt, sondern als Buch. Einsam geschrieben für die stille Lektüre, schafft es abseits der Öffentlichkeit eine neue, ungekannte vertrauliche Intimität. Der

Leser ist allein mit dem Autor, und das Buch vermittelt zwischen beiden. Die moderne Literatur ist nicht mehr für ein Publikum oder zum Vorlesen geschrieben. Sie hat sich den Leser geschaffen, den, der allein einem Gedanken folgt, blättert, noch einmal nachliest...

Ein Buch allein zu studieren, die Seligkeit und Wonne des einsamen Lesens, das ist ziemlich modern. Es bereitete sich vor mit winzig kleinen Brevieren, mit Andachtsbüchlein für die Reise, mit Novellen und Schwänken. Wenn die Maler der Renaissance die alten Kirchenväter stolz mit vielen neuen Büchern und drehbaren Pulten für die Folianten malen, dann ist das etwa so, als ließen wir den Hieronymus seine Bibelübersetzung in den Computer tippen und den Augustinus die *Bekenntnisse* in die Stenorette flüstern.

Als der Buchdruck eingeführt war, druckte man zuerst neben der Bibel Andachtsbücher und Klassiker. Dafür gab es schon einen Markt. Aber die Autoren reagieren noch ganz unterschiedlich auf das neue Medium. Machiavelli widmet seinen umwälzenden *Fürsten* in einer Handschrift (1516) seinem Herzog, während Thomas Morus im gleichen Jahr die *Utopia* drucken läßt, und dann noch einige Male. Erasmus von Rotterdam und Luther sind die ersten mächtigen Publizisten, und Luther schafft es sogar, die Bibel von Altar und Kanzel – auf deutsch und mit Holzschnitten – bis in gewöhnliche Häuser zu bringen. Dürer publiziert die Ergebnisse seiner Studien und Messungen, Leonardo da Vinci hält sie geheim.

Was bleibt von der Moderne?

Wenn ich jetzt versuche, einige der wichtigsten Autoren und Werke der neueren Literatur hervorzuheben, so geht es nicht darum, ob es nicht daneben noch andere schöne Bücher gäbe. Wer sie sucht, der wird sie finden. Hier geht es um die, die schreibend eine Kultur geschaffen haben und ohne die wir nicht so fühlen oder denken würden, wie wir es tun, vom Schreiben ganz zu schweigen. Jeder hat ein Recht, sie kennenzulernen. Sonst weiß er ja gar nicht, was ihm entgeht und welche er zu seinen Lieblingsbüchern erwählen könnte.

Dante, Shakespeare, Goethe haben wir schon erwähnt. Setzen wir neben *Tristan und Isolde* die *Canterbury Tales* von Chaucer und das *Decamerone* des Boccaccio, das sich selbst empfiehlt und die anderen italienischen Novellen nicht verdrängen sollte. Auch die Konstrukteure der verkehrten Welt, in der wir lächelnd die Wahrheit erblicken, sind uns schon begegnet: Rabelais, Cervantes, Sterne.

Da gibt es gute und manchmal klassische Übersetzungen, und wo sie fehlen, doch witzige Adaptionen. Als Francesca da Rimini mit Paolo den *Lancelot*-Roman las, war Französisch die Sprache der weltlichen Literatur auch in Italien, erst Dante selbst hat das geändert. Eine mittelhochdeutsche Fassung gab es natürlich, auf eine moderne warten wir immer noch. Gewiß kann jemand das *Nibelungen*-Lied wichtiger finden als *Tristan und Isolde*, aber deren Liebe steht meinen Leserinnen und Lesern doch näher als der Krieg, obwohl beides tödlich endet.

Suchen wir weiter, so stoßen wir auf das Problem, daß die eine Hand nehmen muß, was die andere geben will. Gute, moderne Übersetzungen fehlen oft, und manchmal sind sie auch beinahe unmöglich. Petrarca und Erasmus von Rotterdam haben mehrere Jahrhunderte lang die europäische Bildung beherrscht, Petrarca doppelt, italienisch als Lyriker, neulateinisch in Prosa und Briefen. Seine Lyrik hat in vielen Sprachen inspiriert, ohne daß es gelungen wäre, sie zu übersetzen. Sein und des Erasmus Prosastil sind die Quellen modernen, subjektiven Schreibens bis ins Feuilleton hinein. Und weil sich das ändert, bleibt nicht so viel. Trotzdem sollte es von Petrarca mehr als einen kleinen Sammelband geben (worin sogar das wundersame Therapiegespräch, das *Secretum*, fehlt). Die bezwingende Einheit von Stil und Gedanke erhalten Montaigne so frisch, und Machiavelli und Morus.

Lange Zeit wurde das Versepos als der Gipfel der Poesie angesehen, und damit haben wir es besonders schwer. Gebildete Europäer lesen Ariost und Tasso ebenso auf italienisch wie Milton auf englisch. Aber ob nun die Übersetzer daran geschei-

tert sind oder ob der Wechsel vom Versepos zum Roman daran
schuld ist, in andere Sprachen haben diese Werke den Weg
nicht gefunden.

Shakespeare und Racine galten lange als unvereinbare
Gegensätze des Dramas. Trotzdem hat Goethe Shakespeare
bewundert und doch die Iphigenie und den Tasso wie Racine
geschrieben. Stendhal hat das Eis gebrochen und beide nebeneinander gesetzt. Und sie gehören zusammen, wenn es darum
geht, daß Leidenschaft Sprache wird; ohne Racine und Shakespeare gibt es keine literarische Kultur. Daher muß man denen
Dank sagen und denen Mut machen, die im Französischunter-
richt Racine mit Verstand erläutern.

Von selbst geschieht das nicht. Bei der Besprechung eines
Buches über europäische Romane im *Times Literary Supplement* gestand ein Literaturkritiker, erst bei dieser Gelegenheit
Goethes *Wahlverwandtschaften* gelesen zu haben. Und es hat
genützt. Es ist besser, wichtige Erfahrungen erst spät zu
machen, als Kenntnisse vorzutäuschen und als Schelm aus dem
Leben zu scheiden. Auch sind wir Opfer von Traditionen der
eigenen Literatur. So kann es einem angelsächsischen Germanisten geschehen, daß er eine gute Vorlesung über die *Wahlverwandtschaften* hält, Goethe aber nur als noch etwas unvoll-
kommenen Vorläufer von Henry James in den Blick bekommt.

Täglich strömen Tausende in die großen Museen der Welt,
um die Maler der Renaissance und des Barock zu bewundern,
ohne viel von malerischer Technik und vergangenen Jahrhunderten zu wissen. Und wie wenige machen sich die Poesie dieser
Zeit zu eigen, um von der in fremden Sprachen ganz zu schweigen? Man frage einmal Germanistikstudenten, und die sind das
ja freiwillig und professionell, was sie zum Vergnügen und aus
eigenem Antrieb vor Kleist, Büchner und ein wenig Hölderlin
gelesen haben. Da gibt es Mediziner und Juristen und ganz nor-
male Menschen, die viel mehr gelesen haben.

Aber das kann sich ändern. Daß heute ausgezeichnete Aufführungen und Einspielungen von Monteverdi und Lully
gemacht werden und die alte Musik täglich jünger wird, liegt ja
nicht an einer Tradition, sondern an mühseliger und liebevoller

Erarbeitung des Vergessenen und Verkannten. Das steht noch
aus. Aber vielleicht kommt ja die Zeit, da die deutschen Leser
(wie seinerzeit aus politischen Gründen die Norweger bei Knut
Hamsun) am Gartenzaun in langer Reihe erscheinen und ihren
Verlegern die schäbig gekürzten Fassungen von Robert Bur-
tons herrlicher *Anatomy of Melancholy* und von Gibbons
Decline and Fall of the Roman Empire in den Vorgarten
werfen.

Das Jahrhundert der Aufklärung

Wir sagten es schon: Manche der für Erwachsene geschriebenen Bücher, von Engländern vor allem, finden wir schon im
Kinderzimmer. Die kindliche Phantasie ist intensiver und ver-
weilt länger in imaginären Welten. Was man dem reiferen Alter
vorbehält, hat mit dem Menschen in Gesellschaft zu tun, mit
seinen Sitten und Vorurteilen, auf denen das Bestehende grün-
det und die mit seiner Vernunft nicht in Einklang zu bringen
sind. Montesquieus *Perserbriefe* (1721) charakterisieren sein
eigenes Land viel schärfer als der *Geist der Gesetze* (1748). Voltaire widmet sein Genie mit Geist und Anmut den Widersprü-
chen der Welt, von den *Philosophischen Briefen* (1734) bis
zum *Candide* (1759), und es ist kein Zufall, daß er auch die
moderne Geschichtsschreibung prägt und große publizistische
Aktionen für zu Unrecht Verurteilte unternimmt.

Rousseau und Lessing sprechen vor allem jüngere Leser an.
Mit ihnen wachsen der Scharfsinn und der Geist des Wider-
spruchs, aber auch der Enthusiasmus. Und schließlich ein
Gefühl, mit dem die Vernunft nicht fertig wird. Beide sind
nicht Autoren eines Buches, sondern sie zeugen für eine schrift-
stellerische Laufbahn. Und wie bei Rousseau über die frühen
Preisschriften und die Versuche, alles zu erziehen, das Kind im
Emile (1762), den unglücklich Liebenden in der *Neuen Héloise* (1761) und schließlich den Staat im *Gesellschaftsvertrag*
(1762), der Blick sich mit den *Bekenntnissen* (1782) auf die
eigne Jugend wendet und mit den *Träumereien eines einsamen*

Spaziergängers (1782) meditativ sein verletztes Ich mit einer fremden Welt versöhnt, so gelangt Lessing von Witz und kalkuliertem Gefühl zu Einsichten und leiderfahrener Menschlichkeit.

Diderot ist eine ganze Welt für sich, und das zwanzigste Jahrhundert wird nicht fertig damit, seine überraschende Modernität zu entdecken. Er kann experimentell in möglichen Welten denken, von einem unserer Sinne abstrahieren, um zu erfahren, wie ein lebendiger Organismus die Wahrnehmung der Realität ergänzt, er versucht, das Verfahren unserer Vorstellungen und Gedanken zu beschreiben. Über absurde Assoziationen kommt die Erkenntnis zutage, und Schamlosigkeit und Niedertracht enthüllen die sittliche Wahrheit. Kein Wunder, daß Lessing und Goethe ihn liebten und übersetzten, Hegel den Dialektiker in ihm erkannte und Freud den »brüderlichen Geist«!

Ich will hier nicht Literaturgeschichte erzählen, sondern Neugier wecken, die falschen Schubladen und Fächertrennungen auflösen. Ein Schriftstellerleben kristallisiert sich in der Regel nicht in einem einzigen Buch und ein paar Vorarbeiten dazu. Das ist eher die Ausnahme und betrifft neben geglückten Weltgedichten die mißratenen Versuche geistiger Machtergreifung und terroristischer Monomanie. Auch ist nicht ein Jahrhundert so und das andere gerade anders. In *Robinson Crusoe*, Rousseau und der Französischen Revolution ist sehr viel mehr Romantik, als sich die meisten Romantiker träumen ließen.

Auf einen Autor möchte ich aber verweisen, der für seine Zeitgenossen und die nächste Nachwelt nicht als Verfasser eines Werkes sichtbar wurde. Das heißt, Werk in den überlieferten Gattungen. Karl Philipp Moritz schrieb mit dem *Anton Reiser* (1785) seine Autobiographie einer defizitären Kindheit und Jugend. Armut, Leid, Krankheit und Verworrenheit, aber doch Glück der Geborgenheit, Wonne des Lesens, Eroberung und Aufbau einer inneren geistigen Welt mit der Erfahrung der äußeren. Und was er dann schrieb, war im Objektivieren gewonnene Ergänzung und Konstruktion dessen, was ihm gefehlt hatte. So schreibt er hinreißende Kinderbücher, die

Götterlehre (1791) der klassischen Mythologie und die Erfahrungsseelenkunde, die er sich selbst gewünscht hätte, und entwickelt aus der Analyse der zerstörenden und der bildenden Kräfte des Menschen eine Ästhetik, wie sie moderner nicht erdacht wurde (*Über die bildende Nachahmung des Schönen*, 1788).

»Wir haben keine deutsche Literatur«, sagte Hugo von Hofmannsthal, »wir haben Goethe und Anfänge.« Haben wir ihn? Da bin ich nicht so sicher. Aber Probleme haben wir mit unseren Autoren. Klopstock bestimmte für das 18. Jahrhundert den Begriff von Poesie. Seinen *Messias* wird man schwerlich unter die wenigen unerläßlichen Bücher setzen, seine Lyrik muß mit der von Matthias Claudius und manchen anderen in einer Anthologie gerettet werden. Wieland ist einer der klügsten und sorgfältigsten Schriftsteller, und wer Verserzählungen mag, wird außer der *Musarion* (1764) noch manch anderes entdecken, wer das politische Räsonieren in einer Epoche ohne politische Erfahrungen in schön gebauten, langen Sätzen verträgt, wird merken, daß die *Abderiten* (1781), der *Agathon* (1766) und die Revolutionsaufsätze zu den besten Leitartikeln in deutscher Sprache gehören.

Herder schrieb weniger rätselhaft als Hamann über die wichtigsten Themen seiner Zeit, voller Geist und gewaltig anregend, aber immer unfertig und nicht zu einer gültigen Form durchdringend. Auch hier können für die private Bibliothek Anthologien helfen wie die *Kritischen Schriften des Sturm und Drang*, die eine wirkliche Auseinandersetzung dokumentieren.

Natürlich klingt es wie Hohn, wenn man so mit bedeutenden Autoren verfährt. Meistens fällt es uns leichter, mit fremden Literaturen so umzugehen, und dann merken die anderen, was fehlt. Bei einer genaueren Umfrage unter belesenen und schreibenden Menschen ergibt sich immer noch, wie stark sie von Schriften in ihrer eigenen Sprache beeindruckt werden. Und wenn es ein übersetztes Buch ist, dann nicht immer ein wirklich gutes. Wer einen Autor kennenlernen will oder liebt, wird alles von ihm lesen und nicht nach Empfehlungen fragen. Und wieder und genauer lesen.

Bücher über Bücher

Und dann möchte man etwas über den Autor wissen. Der ganze
Betrieb der Feuilletons und Seminare besteht daraus. Es gibt
Studien, die zum genaueren Lesen anleiten, die in einem Satz
die Gedankenbewegung, in einem Abschnitt den Stil einer
Epoche sehen lehren. Und es gibt andere Bücher, die reden von
Büchern und ihrem Autor und mischen sich in sein Privatleben
ein und verwechseln es mit seinem Werk. In jeder Nummer
des *Times Literary Supplement* oder des *New York Review
of Books* werden Biographien besprochen, in der Pariser
Nationalbibliothek liegen 100 000, und noch ist kein Ende
abzusehen.

Ich möchte vor Biographien warnen. Sie sind fast so unnütz
wie die auf dem deutschen Büchermarkt beliebten psychologischen Ratgeber. In der Rezension einer Biographie liest man
ein paar Anekdoten, Klatsch und Indiskretionen, und denkt,
es könnte amüsant sein. Aber es ist wie mit der Vorschau mäßi-
ger Filme, die das, was für drei Minuten fesselt, auf quälende
zwei Stunden ausdehnen. Das Leben eines Menschen ist ein
Geheimnis. Und wenn er seine Gefühle in Literatur, Malerei
oder Musik dargestellt hat, so ist es noch geheimnisvoller.

Natürlich wollen wir etwas von Menschen wissen, die uns beschäftigen. Und durch andere Menschen lernt man ja sich selbst
erst kennen. Ich glaube, daß es seit der Publikation der Briefe,
Tagebücher und sogar Gespräche zur Mündigkeit der Leser gehört, daß sie sich die Authentizität selbst erobern und sich
nicht mit daraus vorgekauten Bissen abspeisen lassen. Gewiß
gibt es Ausnahmen, den Werk-Essay, der aus dem Objektiven
die verborgene Subjektivität des Autors in seiner geschichtlichen Umgebung ahnen läßt. Und das ist das genaue Gegenteil
der Produkte unberufener literarischer Untersuchungsrichter,
die aus Poesie und ihren Lebensspuren etwas beweisen wollen.
Ein Modell des Werk-Essays ist Goethes Schrift *Winckelmann
und sein Jahrhundert* (1805, im Insel Taschenbuch, Goethe,
Historische Schriften), ein neueres Beispiel Becketts Essay
Proust (1931, jetzt Sammlung Luchterhand).

Eine so gründliche kritische Werkbiographie wie der *Lessing* von Danzel konnte nur im 19. Jahrhundert geschrieben werden, als man ähnlich historisch genau Romane schrieb, und ebenso die unersetzbare *Literaturgeschichte des 18. Jahrhunderts* von Hermann Hettner. Aber sie schwammen keineswegs auf einer modischen Welle, sondern hoben gegen das allgemeine Vergessen eine Epoche, die man für überholt hielt, in die Erinnerung.

Und manchmal erarbeiten Literaturwissenschaftler auch die Einheit von Zusammengehörigem, was sich aber in keiner Bibliothek beieinander findet, da es über viele Sprachen und Kulturen wanderte. Die Spuren, die das ungeschriebene, mündlich vorgetragene Epos, aus dem Homer hervorging, in mehreren Dutzend Sprachen und Kulturen hinterlassen hat, sammelte Albert Lord in *Der Sänger erzählt*. Und das »Tagelied«, das Gespräch der (ungesetzlich) Liebenden beim Ruf des Wächters am Morgen, sammelte Arthur Hatto im ritterlichen Mittelalter von Indien bis zu den Provenzalen (immer noch nicht übersetzt, *Eos*, 1965).

Der Roman des 19. Jahrhunderts

Wenn uns das 19. Jahrhundert in seinen Anschauungen und Gefühlen noch nahe ist, so dank seiner Romane. Der Roman war die führende Gattung der professionellen Schriftsteller (junge Leute schrieben noch heimlich Dramen), und in Fortsetzungen diente er dazu, die Leser zum Abonnieren ihrer Zeitungen zu nötigen. Er wurde oft auf Bestellung geschrieben und zeilenweise bezahlt, d.h. er mußte lang sein, aber in kleinen Einheiten immer erneut Spannung erregen. Das ist eigentlich mörderisch und zerstört alle Poesie. Andere Romane standen nicht unter diesem Zwang, breiten sich aber auch aus. So werden viele entsetzlich geschwätzig und deuten ihre Helden mit einer haarsträubenden hausgemachten Psychologie...

Müßten wir die drei bedeutendsten herausgreifen, so kämen wir vielleicht auf Goethes *Wahlverwandtschaften* (1809), Flauberts *Madame Bovary* (1857) und Tolstois *Anna Karenina* (1877). Dreimal stehen bemerkenswerte Frauen im Mittelpunkt, und die durchaus männlichen Autoren identifizieren sich viel eher mit ihnen als mit den männlichen Helden. Das ist erstaunlich und müßte unser Bild vom 19. Jahrhundert korrigieren. Es ist erstaunlicher als die (vorzüglich) schreibenden Pastorentöchter Englands (Jane Austen, *Emma*, 1815; Emily Brontë, *Sturmhöhen*, 1847; George Eliot, *Middlemarch*, 1871) und die gesellschaftlich einflußreichen Autorinnen der französischen Literatur, Madame de Staël und George Sand.

Kinder wollen neben ihrem *Ivanhoe* oder *Robin Hood* zumindest den *Oliver Twist* (1838) von Dickens und Stevensons *Schatzinsel* (1883). Junge Leser werden immer wieder zu Alexandre Dumas' *Drei Musketieren* (1844) greifen, sich in Balzacs *Verlorenen Illusionen* (1835/43) wiederfinden, um sich dann an Stendhal zu wagen, *Rot und Schwarz* (1830) und die *Kartause von Parma* (1839). *Tom Sawyer und Huckleberry Finn* (1876) von Mark Twain sind ebenso unsterblich wie der weiße Walfisch *Moby Dick* von Herman Melville (1851) und das *Bildnis des Dorian Gray* von Oscar Wilde (1891).

Was wäre die russische Literatur ohne Gogol, *Die toten Seelen* (1842), Gontscharows *Oblomow* (1856) und Dostojewski, über den man sich ja erst dann ärgern kann, wenn man ihn gelesen hat. Und was wäre sie ohne Puschkins *Hauptmannstochter* (1836), die Erzählungen von Tschechow und die Erzählung aller Erzählungen, *Der Tod des Iwan Iljitsch* (1886) von Tolstoi.

Die deutsche Literatur wäre nicht denkbar ohne Jean Paul, und wenn nicht den *Titan* (1800), dann doch zumindest die *Flegeljahre* (1805), sie wäre nicht denkbar ohne E.T.A. Hoffmann, ohne Kleist und Büchner. Wir merken, daß wir mit dem Roman allein in eine Sackgasse geraten. Nicht nur Kleist und Büchner, auch Edgar Allan Poe ginge uns verloren, und der ganze Maupassant.

Beim Roman des 19. Jahrhunderts fällt es auf, daß man weniger über schlechte Übersetzungen klagen und die Verleger verfluchen muß, die keinen Mut zu guten Büchern haben. Sieht man genauer hin, gibt es zwar auch hier Probleme, aber zunächst einmal ist unerhört viel da und lockt von selbst, so daß man es nicht eigens empfehlen muß. Und die meisten der Romane des 19. Jahrhunderts verfügen über einen solchen Stoffreichtum, den auch eine schwache Übersetzung noch erkennen läßt. Sie bilden ein reiches und vielfältiges europäisches Konzert (worin die deutsche Stimme nicht übermäßig stark besetzt ist), das imaginäre Welten ebenso umfaßt wie Darstellung der sozialen Wirklichkeit und der exotischen Länder. Die Suche nach dem Absoluten und das Unheimliche im Nächstvertrauten, das ferne Abenteuer und die Unüberwindlichkeit der eigenen Trägheit stehen nebeneinander.

Fingen wir jetzt an zu zählen und zu feilschen – und wir haben ja noch nicht einmal Manzoni, *Die Verlobten* (1825), oder Gottfried Kellers *Grünen Heinrich* (die erste Fassung, 1854/55, ist die schönere) und Theodor Fontanes *Effi Briest* (1896) oder *Stechlin* (1898) erwähnt –, so wäre nicht leicht ein Ende abzusehen. Und deshalb schicken wir alle Pedanten zum Teufel und lesen, was uns Spaß macht. Wenn es Winter wird, holen wir uns einen russischen Roman oder einen Band Erzählungen hervor – immer diese Pferdeschlitten! –, und an Sommertagen einen italienischen oder spanischen, oder auch umgekehrt, wenn man den Verfremdungseffekt liebt.

Empfehlen muß man Poesie, und gerade dann, wenn sie nicht als geschlossenes Buch konzipiert ist wie Baudelaires *Fleurs du mal* (1857). Hier sind wieder Anthologien fürs Überleben gefragt. Das Beste von Hugo, Nerval, Musset, Corbière, Laforgue... damit es nicht immer bei dem falschen, wenn auch gewichtigen Dreiklang Baudelaire, Verlaine, Rimbaud bleibt. Vier Bände französischer Lyrik, zweisprachig, liegen vor, auch im Taschenbuch. Ebenso Lord Byron, Shelley, Keats und Coleridge, zweisprachig, und Leopardi. Wie auch die Lyrik des 20. Jahrhunderts, von der wir schon sprachen.

Rückblick auf das 20. Jahrhundert

Die großen Anstöße der Epoche stammen aus dem Fin de
siècle, die Umwälzungen der Kunst und des physikalischen
Weltbildes aus den Jahren vor dem Ersten Weltkrieg. Das Problem dieses Jahrhunderts ist, daß es eigentlich keine Gelegenheit hatte, richtig anzufangen. Statt dessen fiel es immer wieder
zurück. Bleiben wir bei den Prosaautoren, und wenn es um die
drei wichtigsten geht, so nennen wir Marcel Proust, James
Joyce und Franz Kafka. Das ist gewiß nicht originell, aber
bezeichnenderweise hat keiner von ihnen den Nobelpreis
bekommen, der ja auch eine Kommissionsentscheidung ist, die
in aller Regel die kompromißfähigen Zweitbesten trifft.

Proust hat wirklich auf ein, wenn auch fast unendliches Buch
hingelebt und geschrieben, *Auf der Suche nach der verlorenen
Zeit* (1913—27, auf deutsch ist die nicht ganz vollständige
Übersetzung von Walter Benjamin und Franz Hessel schöner
als die von Eva Rechel-Mertens). Und wie bei einem Kriminal-
roman wird erst vom Ende her der Anfang deutlich... Joyce hat
eine ganze Enzyklopädie literarischer Mittel aufgeboten, um
im *Ulysses* (1922) einen einzigen Sommertag (den 16. Juni
1904) des nicht sehr vertrauenerweckenden Leopold Bloom in
Dublin zu beschreiben. Wem das nicht elementares und raffi-
niertes Vergnügen bereitet, der kann getrost *Finnegans Wake*
(1939) den philologischen Rätselratern überlassen und bei Virginia Woolf Trost finden, oder sich auf der anderen Seite des
Atlantik der (ersten von mehreren) »lost generations« in den
20er Jahren zuwenden, mit Gertrude Stein, mit Scott Fitzge-
ralds *Großem Gatsby*, John Dos Passos *Manhattan Transfer*,
dem jungen Hemingway, dem reifen Faulkner von *Sound and
Fury* und Djuna Barnes.

Kafkas Größe liegt in den Erzählungen eher als in den Romanen, und darin steigert er die Kurzprosa des merkwürdigen
Robert Walser. Wie man insgesamt vor dem Roman als Gattung eher warnen muß. Wiewohl es ein paar wirklich bedeutende gibt und wiewohl er am zureichendsten übersetzbar ist,
kann er doch die anderen Formen von Literatur nicht vertre-

ten: Man mutet ihm schlicht zuviel zu. Und er verführt dazu, sich mit allen bedeutenden Themen vollzustopfen und krankt dann an einem schwerverdaulichen Gemisch von getrüffelter Gänseleber, Austern und Kaviar... Thomas Mann war leichtfertig genug, die schweren Themen erzählerisch anzuspielen, und das hält den *Zauberberg* (1924) lebendig (während anderes sehr vergangen ist), und man kann ihn auch denen empfehlen, die seinen Stil sonst nicht mögen. Aber der wunderbare Erzähler Robert Musil und auch Broch wollten ihre Themen unendlich ausbreiten und dann wurde es günstigenfalls ein Lieblingsbuch der Intellektuellen oder ein Buch ohne Leser (*Der Mann ohne Eigenschaften*, 1930–43, bzw. *Der Tod des Vergil*, 1945).

So ist es eher ein Glück, daß Karl Kraus, eine Instanz bewußter Sprache und Kritik, keinen Roman schrieb.

Mit der Ausnahme von Proust ist im 20. Jahrhundert die französische Poesie bedeutender als der Roman, und Paul Valéry, selbst wenn man seine Gedichte nicht mag, prägte durch seine kritische Prosa eine Kultur aus, eine vergangene vielleicht, aber eine im Jahrhundert der Stellungswechsel und ideologischen Verblendungen achtenswerte.

Die deutsche Literatur litt besonders unter dem Fluch einer falschen Goethe-Imitation in bemühten Welt-Synthesen. Das Spätwerk von Hauptmann ist längst vergessen. Hesse versteht es, junge Menschen und auch in Übersetzungen anzusprechen. Aber wenn ich mich zu erinnern versuche, so führten mich die auffällig stärkeren Jacob-Burckhardt-Zitate im *Glasperlenspiel* (1943) dazu, dessen Schriften selber zu lesen. Was Thomas Mann betrifft, so nehme man einmal eine Seite aus dem *Tod in Venedig* und lege sie neben eine aus Goethes *Wahlverwandtschaften* und prüfe, wer schreiben kann. Er hat ja seine Verdienste, aber man lasse sich doch nicht einreden, daß ein Dokument des deutschen Zusammenbruchs wie der *Doktor Faustus* ein Meisterwerk sei. Er hat auf das Trauma mit einer opportunistischen Geschichtsdeutung reagiert, die dem gebildeten Philister ein Verhängnis mundgerecht vorlegt.

Zu entdecken gibt es genug. Die Lyrik der expressionistischen Generation, die teils schon während des Ersten Weltkrieges starb, teils verfolgt wurde und fliehen mußte, Trakl und Georg Heym, Else Lasker-Schüler. Und all die gewaltsamen Dramen und Prosaversuche. Auch hier verführen die Panorama-Romane, die sich verfilmen und erneut zu Bucherfolgen machen lassen wie Döblins *Berlin Alexanderplatz* (1929) oder Joseph Roths *Radetzkymarsch* (1932), dazu, die verqueren und deplazierten Werke zu übersehen. Und eine Kultur prägen auch die Lyrik des Stückeschreibers Brecht und die Prosa des Lyrikers Rudolf Borchardt.

Es ist völlig abwegig, dem Leser unter den lebenden Autoren durch Empfehlungen den Blick einzuengen. Hier soll er suchen, blättern, prüfen und wählen, mit dem Recht, sich zu irren, wenn die Lektüre Spaß macht. Empfehlungen sind dort am Platze, wo seine Kenntnis auf die Zufälle des Literaturunterrichts und der Verlagsprogramme und sein Mißtrauen dagegen angewiesen waren. Damit aber nun ausländische Leser etwa nicht den Verdacht hegen, es habe gar keine Literatur in Deutschland in der zweiten Hälfte des 20. Jahrhunderts gegeben, erwähne ich doch ein paar Beispiele. Zu den Büchern, mit denen das eigene Nachdenken beginnt, gehören Max Frischs frühe *Tagebücher 1946–49.* Der erste, der es versuchte, eine Vergangenheit, die sich nicht bewältigen läßt, doch zu erzählen, war Günter Grass mit der *Blechtrommel* (1959). Auf andere Weise historisch ist inzwischen Uwe Johnsons Chronik *Jahrestage* (1970–84, 4 Bände). Er dokumentiert mit mißtrauischem Blick auf die Welt und steif beredter Sprache, daß zwei deutsche Diktaturen nacheinander bei denen, die ihnen nicht rechtzeitig entkommen konnten, das Vertrauen und die Fähigkeit, glücklich zu sein, zerstört haben. Eine andere Hölle in der Innenwelt der Gefühle erschließt Ingeborg Bachmann, *Malina* (1971).

Diese Literatur, die sich eine Weile in dem vermauerten, symbolisch aufrechterhaltenen Berlin (West) abspielte, wo die Hoffnung verlogen und die Verzweiflung auch nicht wahr gewesen ist, ist völlig Geschichte geworden. Das gibt es nicht mehr, aber wer es sich lesend zu erschließen versucht, kann darin Geschichte erblicken, bei deren Darstellung die Historiker nicht mithalten können.

Wer in sich den leidenschaftlichen Leser entdeckt, wird vielleicht Autoren mögen, die wiederum mit Vorliebe in Landschaften und Labyrinthe der Literatur entführen, wie Valery Larbaud (die literarischen Studien sind immer noch nicht übersetzt) und Jorge Luis Borges, der im Geiste zumindest die Bibliothek von Babylon wiederaufbaute. Und es gibt Verleger, die ein Stück davon als wirkliche Bücher drucken.

Und wenn man zum reinen Vergnügen schmökern will? Gesetzt den Fall, man gehört zu den Menschen, die dann nicht zu einem Krimi greifen, weil ihnen das Schema zu simpel ist? Da gibt es eine herrliche Parodie dieses Genres, *Die gräßliche Bescherung in der Via Merulana* (1957) von Carlo Emilio Gadda. Und wenn man mit gelassener Würde in historischer Tiefe träumen will, so gibt es den *Leoparden* (1958) von Giuseppe Tomasi di Lampedusa über das ewig unverbesserliche Sizilien, und will man in die exotische Tiefe des Raumes schweifen, so nimmt man die *Hundert Jahre Einsamkeit* (1967) von Gabriel García Márquez in die Hängematte (der hat zwar einen Nobelpreis bekommen, aber das ist ja auch Samuel Beckett passiert, der sich davon in seiner einsamen Größe nicht anfechten ließ, wie auch Claude Simon). Aber nun ist erst einmal Schluß mit der schönen Literatur. Statt Bücher von gestern zu empfehlen, warte ich auf die von morgen.

Keine Komitee-Entscheidungen!

Wenn wir jetzt tief Luft holen, um eine Liste auszubrüten, die von all den schönen Büchern, über die wir hier nachdenken, nur ausgerechnet die verflixten 100 enthalten darf, so heißt das: Vorsicht! Diese Bücher sind nicht die, die man, wer auch immer das sein soll, gelesen haben ›muß‹: Freie Menschen müssen nicht lesen. Aber manche spielen gern, und eine Bücherliste ist ein Spiel. Die einen suchen empört ihre Heiligen, und falls die nicht da sind oder am falschen Platz, schreien sie Zeter und Mordio. Andere lassen sich nichts anmerken, überprüfen aber schnell die Liste auf eventuelle Bildungslücken.

Wer mit Vergnügen liest, schaut sich eine solche Liste mit gesundem Mißtrauen an und erwägt vielleicht, ob er den einen oder anderen Titel, den er nicht kennt oder längst vergessen hat, einmal liest. Gräßlich wäre es, wenn diese Liste ›ausgewogen‹ wäre, nach langem Ringen im Verlagskontor, und nur das enthielte, was man sowieso erwartet. Hier stehen die Bücher, auf die man wieder zurückkommt, wenn man sie einmal gelesen hat. Sie sind das Ergebnis vieler individueller Lektüren, des Autors und der Menschen, die er gefragt hat, deren Lektüre er ab und an beraten oder in Gesprächen über Bücher begleiten konnte.

Deshalb stehen hier keine Kompromisse, wie in vielen Leselisten und bei Literaturpreisen, wo es am Ende keiner gewesen sein will. Und ein paar Jahre später schämen sich dann alle für die meisten Nennungen. Ich habe schon im Vorübergehen auf das Problem der Nobelpreise hingewiesen: Die meisten großen Autoren starben, ohne den seit 1901 verliehenen Preis zu erhalten.

Rudolf Borchardt schrieb 1929: »Für sich haben die Skandinavier unter vorsichtiger Umgehung Strindbergs ihre Kirchturmgrößen, Heidenstam und Gjellerup; ihre Björnson, Pontoppidan, Hamsun, ihre Lagerlöf und Undset gekrönt. Für Frankreich, unter vorsichtiger Umgehung von Claudel und Proust, den Klassiker der Greisler, Anatole France; für England, mit einem Bogen um Swinburne, Meredith, Galsworthy, natürlich Kipling und Shaw; für Deutschland statt George (der den Preis kaum angenommen hätte) und Hofmannsthal, oder wenn man schon will, Rilke: Hauptmann, wie ihn Heyse erhielt, während Wilhelm Raabe lebte...«

Nun kann man sich den Spaß machen und eine Literaturgeschichte der solcherart Gekrönten in die Vergangenheit verlängern, als es diese Peinlichkeit noch nicht gab. Borchardt schlägt das auch gleich selbst vor: »Spielhagen statt Keller, Zola statt Flaubert, Turgeniew statt Dostojewski, Charlotte Brontë statt Emily Brontë, Guerrazzi statt Manzoni, Emilio Castelàr statt Faber, Longfellow statt Poe und Whitman, Bauernfeld statt Grillparzer, George Sand statt Baudelaire, Giusti statt Leo-

pardi, Gutzkow statt Otto Ludwig, Tennyson statt Browning –
dazu Mickiewicz als Unglückspole und Mirza Schaffy als dama-
liger Tagore zur Completierung dieses Literaturmaskenballs
der aufgeklärten Provinz.«

Unser Spiel ist anders. Ich nenne keine Kultautoren, denn
wer sie hat, der setzt sie sowieso vor die 100, die man sich mit
anderen Menschen teilt. Und von den berühmten Autoren
nenne ich nicht die lauten, die vom Trommelwirbel begleitet
werden, wo sie auch auftreten. Ein leiser Autor ist Kafka, der
nach seinem ersten Besuch beim Verleger Kurt Wolff zum
Abschied sagte:»Ich werde Ihnen immer viel dankbarer sein
für die Rücksendung meiner Manuskripte als für deren Veröf-
fentlichung.« Das hätte Balzac nicht sagen können oder Dostojewski.

Ich nenne auch nicht die weniger gelesenen als angestarrten
Autoren, die zu Sektengründern geworden sind. Ich nenne
dafür die Autoren, die Marx und Freud am meisten schätzten,
griechische Tragiker, Goethe und Diderot. All die verschiedenen Programme in »Western Civilization« an amerikanischen
Universitäten haben doch zwei Autoren gemeinsam, Machiavelli und Marx. Was letzteren betrifft, so ist *Das Kommunistische Manifest* (1848) kein Buch, sondern eine Flugschrift, und
Das Kapital (1864–79) ist entschieden mehr als ein Buch,
unumgänglich für den Wirtschaftswissenschaftler, aber keiner
der ersten 100 Titel für den allgemeinen Leser.

Nietzsche liest man, wenn man jung ist, mit roten Ohren.
Wenn man darauf zurückkommen will und ihn prüft, wundert
man sich doch über den ungleichmäßigen Stil, den abgebroche-
nen Gedanken. Er liebte die kleinen Listen. Unter »Europäische Bücher« nennt er sechs (richtige Autoren), Montaigne, La
Rochefoucauld, La Bruyère, Fontenelle, Vauvenargues, Chamfort. Unter dem Stichwort »Schatz der deutschen Prosa« nach
Goethes Schriften und Eckermanns *Gesprächen mit Goethe*,
die er das beste deutsche Buch nennt (obwohl der brave Eckermann neben unersetzlichen Aufzeichnungen doch den Origi-
nalton Goethe nicht so häufig trifft wie etwa der Kanzler von
Müller bei seinen *Unterhaltungen mit Goethe*), lediglich vier

Bücher: »Lichtenbergs *Aphorismen*, das erste Buch von Jung-Stillings *Lebensgeschichte*, Adalbert Stifters *Nachsommer* und Gottfried Kellers *Leute von Seldwyla* – und damit wird es einstweilen am Ende sein.«

Über das »einstweilen« lohnt es sich nachzudenken. Und auch darüber, daß die *Aphorismen* Lichtenbergs ein Schatz der deutschen Prosa sind, aber kein »europäisches Buch«. Immer wieder heftig empfohlen, von allen geliebt, die lesen können, bleibt es das wunderbare Denken eines einzelnen, es ist nicht durch eine Gesellschaft hindurchgegangen, es begründet keine Kultur. Ich finde den *Anton Reiser* von Karl Philipp Moritz der *Lebensgeschichte* von Jung-Stilling überlegen. Stifter gewiß und Keller, aber auch Stifter ist ein wenig näher bei Eckermann als bei Goethe. Der scharfsinnigste und ehrlichste Autor ist für Nietzsche Thukydides, dann kommt gleich Machiavelli. In der Psychologie, die man durch Romane lernt, war es vor allem Stendhal, und dann, etwas zu heftig und kritiklos, Dostojewski.

Schluß mit dem Wägen und Rechten. Ein Wort noch zur Sachliteratur. Da ist es wie mit den Übersetzungen. Sie sind nicht Werke, wie die Poesie, sondern Arbeiten, die nach einer gewissen Zeit durch andere ersetzt werden. Und da steht eine, um für weitere die Augen zu öffnen. Wer durch eine Bibliothek spaziert, wird merken, daß 100 eine lächerlich kleine Zahl ist. Und so wie es Bücher gibt, die man schon vor den 100 gelesen hat, so gibt es andere, manchmal wichtigere als die hier genannten für den einen oder anderen individuellen Leser, die man gleich danach einreihen wird, als hundertunderstes…

Die Bibliothek für offene Augen
Die ersten 100, eher Autoren als Bücher

(1–3) *Was bleibt vom 20. Jahrhundert:*
Marcel Proust, *Auf der Suche nach der verlorenen Zeit*
James Joyce, *Ulysses* und Erzählungen: *Dubliner*
Franz Kafka, *Die Erzählungen* (zum Anfangen)

(4–6) *Drei Sensorien:*
Paul Valéry, *Windstriche* oder: *Tanz, Zeichnung und Degas*
Virginia Woolf, *Der Leuchtturm*
Thomas Mann, *Der Zauberberg*

(7–9) *Nur noch drei aus der ersten Hälfte des Jahrhunderts:*
Bertolt Brecht, *Die Gedichte*
Rudolf Borchardt, *Prosa*
Karl Kraus, *Schriften* (Sprachkritik, Satiren…)

(10–12) *Und um die zweite Hälfte zu streifen:*
Max Frisch, *Tagebücher 1946–49*
Günter Grass, *Die Blechtrommel*
Ingeborg Bachmann, *Malina*

(13–15) *Englische Romane liest man ohnehin:*
Edgar Allan Poe, *Erzählungen*
Herman Melville, *Moby Dick*
Vladimir Nabokov, *Lolita*

(16–18) *Frankreichs literarische Revolution:*
Henri Stendhal, *Rot und Schwarz*
Charles Baudelaire, *Les fleurs du mal* (zweisprachig; oder
die große Anthologie: *Französische Dichtung*, 4 Bde.,
Taschenbuch)
Gustave Flaubert, *Madame Bovary* (und dann weiter)

(19–21) *Rußlands große Erzähler:*
Alexander Puschkin, *Erzählungen*
Nicolai Gogol, *Die toten Seelen*
Leo Tolstoi, *Anna Karenina* (zum Anfangen)

(22–24) *In deutscher Sprache vielleicht:*
E.T.A. Hoffmann, *Erzählungen*
Gottfried Keller, *Der grüne Heinrich*
Theodor Fontane, *Effi Briest*

(25–27) *Anthologien, um das Vergessene zu retten:*
Deutscher Geist. Ein Lesebuch, hg. v. Suhrkamp u. Loerke
Der Deutsche in der Landschaft, hg. v. R. Borchardt
Deutsche Menschen. Briefe, hg. v. W. Benjamin

(28–30) *Romantik einmal anders:*
Rahel Varnhagen, *Briefe*
Friedrich Schlegel/Novalis, *Das Athenäum*
W. v. Humboldt, *Schriften zur Sprachphilosophie*

(31–33) *Selbst Germanistikstudenten brauchen:*
Georg Büchner, Werke
Heinrich v. Kleist, Werke
Friedrich Hölderlin, Werke
(von allen dreien gibt es Taschenbuchausgaben)

(34–36) *Aber die Neugier treibt weiter:*
Jean Paul, *Flegeljahre*
Karl Philipp Moritz, *Anton Reiser*
Gotthold Ephraim Lessing, (eine kleine Werkausgabe, damit
man sieht, wie z. B. *Nathan der Weise* aus den Streit-
schriften mit den Theologen entsteht)

(37–39) *Aufklärung ist eine Tätigkeit, kein Zeitalter:*
Denis Diderot, *Jacob und sein Herr, Rameaus Neffe* u. a.
Jean-Jacques Rousseau, *Der Gesellschaftsvertrag*, Schriften
Voltaire, *Candide* (zum Anfangen)

(40–42) *Für Mutige, drei richtige Philosophen:*
Spinoza, *Die Ethik* (man kann darin Schmökern)
Imanuel Kant (zuerst kleine Aufsätze, und langsam weiter)
Georg Friedrich Hegel, *Die Phänomenologie des Geistes*

(43–45) *Danach etwas Entspannung:*
Daniel Defoe, *Robinson Crusoe*
Jonathan Swift, *Gullivers Reisen, Satiren*
Henry Fielding, *Tom Jones*

(46–48) *Der Mensch in der Gesellschaft:*
Balthasár Gracián, *Handorakel der Weltklugheit*
    (übers. v. Schopenhauer)
Die französischen Moralisten
    (La Rochefoucauld bis Chamfort)
Giambattista Vico, *Die neue Wissenschaft* (übers.
v. E. Auerbach)

(49–51) *Die Politik und der einzelne:*
Niccolò Machiavelli, *Der Fürst*
Thomas Morus, *Utopia*
Michel Montaigne, *Essays*

(52–54) *Die Erfinder des humoristischen Romans:*
François Rabelais, *Gargantua und Pantagruel*
Miguel de Cervantes, *Don Quijote*
Lawrence Sterne, *Tristram Shandy*

(55–57) *Die poetische Dreifaltigkeit:*
Dante, *Die Göttliche Komödie*
William Shakespeare (auch in der kleinsten Bibliothek
    vollständig!)
Johann Wolfgang v. Goethe (eine Ausgabe, man kann mit
    einer kleineren beginnen)

(58–60) *Das Mittelalter erzählt:*
Die Erzählungen aus Tausendundeiner Nacht
Tristan und Isolde (übers. v. D. Kühn)
Giovanni Boccaccio, *Decamerone*

(61–63) *Lebenserfahrung und Weisheit:*
Plutarch, *Große Griechen und Römer*
Marc Aurel, *Selbstbekenntnisse*
    (u. d. Titel: *Wege zu sich selbst*)
Augustinus, *Die Bekenntnisse*

(64–66) *Zum reinen Vergnügen:*
Petronius, *Satyricon*
Apuleius, *Der goldene Esel*
Longus, *Daphnis und Chloe*

(67–69) *Augusteische Klassik:*
Vergil, *Aeneis*
Ovid, *Metamorphosen*
Horaz, *Satiren, Episteln, Oden*

(70–72) *Wie die Philosophie beginnt:*
Platon, zunächst: *Phaidros*, und: *Gastmahl*
Aristoteles, *Von der Seele*
Lukrez, *Von der Natur der Dinge*
    (u. d. Titel: *Welt aus Atomen*)

(73–75) *Die Welt wird auf den Kopf oder Gedanken gestellt:*
Aristophanes: *Komödien*
Die Vorsokratiker
Thukydides, *Der Peloponnesische Krieg*

(76–78) *Entdeckung des Tragischen:*
Aischylos, *Tragödien*
Sophokles, *Tragödien*
Euripides, *Tragödien*

(79–81) *Erinnerung der Menschheit:*
Homer, *Ilias* und *Odyssee*
Herodot, *Historien*
Sagen des klassischen Altertums

(82–84) *Anfänge:*
Das Gilgamesch-Epos
Die Bibel
Antike Lyrik (eine Anthologie für Sappho und die anderen)

(85–87) *Erfahrung aus geschichtlichen Quellen:*
Arno Borst, *Lebensformen im Mittelalter*
Marc Bloch, *Die Feudalgesellschaft*
Die Französische Revolution. Berichte und Deutungen

(88–90) *Die Gegenwart schafft ihre Überlieferungen:*
E.R. Curtius, *Europäische Literatur und lat. Mittelalter*
Erich Auerbach, *Mimesis*
Sigfried Giedion, *Raum, Zeit, Architektur*

(91–93) *Drei Deutungen der Moderne:*
A. Koyré, *Von der geschlossenen Welt zum unendlichen Universum*
Jacob Burckhardt, *Die Kultur der Renaissance in Italien*
Aby Warburg, *Gesammelte Schriften*

(94–96) *Wirtschaft und Gesellschaft:*
Max Weber, *Gesammelte Aufsätze* (7 Bde. im Taschenbuch)
Marcel Mauss, *Soziologie und Anthropologie*
Joseph Schumpeter, *Geschichte der ökonomischen Analyse*

(97–99) *Drei Blicke in andere Welten:*
Henri Matisse, *Schriften zur Kunst*
Arnold Schönberg, *Stil und Gedanke*
Richard Feynman, *Die Feynman-Vorlesungen über Physik*

(100) *Und um sich selbst Welten zu erschließen:*
The Shorter Oxford Dictionary oder: *Le Petit Robert.*

»Bücher, ihr allein besitzt die Freiheit, uns die anderen Freiheiten allein genießen zu lassen. Ihr gebt allen, was sie von euch verlangen. Ihr befreit alle, die sich treu eurem Dienste weihen. (...) Um Bücher zu kaufen, soll man vor keinem Opfer zurückschrecken, mit zwei Ausnahmen; wenn man befürchtet, daß der Buchhändler zu teuer ist, oder wenn man hoffen kann, das Buch günstiger zu erwerben. Von Büchern gilt, was man sonst vom Himmel sagte: ›Es ist soviel wert, wie du von ihm hast!‹«
(Richard de Bury, *Philobiblon*, um 1345)

Habe nun ach, Philosophie...

Ja, so geht es unseren Studenten, die in vielen Semestern von
den wichtigsten Büchern nur die Anfänge kennengelernt
haben, weil man im Seminar hängenbleibt und nicht bis ans
Ende kommt. Philosophische Bücher gelten als schwer, und oft
erscheinen sie wirklich als unlesbar. Selbst für eine Anthologie
wie die schon erwähnte *Deutscher Geist* war es besonders heikel, gute philosophische Essays zu finden. Aber vielleicht können wir prüfen, ob nicht ganz ausgezeichnete Bücher in Wahrheit philosophisch sind.

Einige sind uns schon begegnet. Die Vorsokratiker, in Fragmenten von großer Schönheit und weise dazu, so daß man nicht
verlangen kann, daß sie auch leicht verständlich seien. Platon
ist ein begeisternder Schriftsteller und der Erfinder des lebendigen Gesprächs in Prosa, des Dialogs. Im Deutschen benutzt
man neben wenigen modernen Fassungen immer noch die
Übersetzung von Schleiermacher, der ein guter Prediger gewesen sein soll, aber oft verrucht schlecht geschrieben hat. Bei
Platon dreht er alles, was im Griechischen leicht und musikalisch ist, die vielen Partikel, die Substantivierungen, in ein
schwerfälliges Deutsch. Es hat ihm nicht sehr viel genützt, daß
er bei Henriette Herz auf dem Sofa saß und für Rahel Varnhagen schwärmte.

Jeder hat ein Recht zu erfahren, was es mit der Schönheit und
der Liebe auf sich hat. Und wenn das voller Geist und Scherz
und nicht ohne Tücke in lockeren Gesprächen erörtert wird, so
darf man sich nicht davon abschrecken lassen. Man nehme den
Phaidros und das *Symposion* und lese, auf dem Rasen liegend
oder beim Wein, wie Sokrates und die Seinen sich verwirren
und berichtigen und schließlich, mit Hilfe des Eros und durch
die Lehren der Diotima, ans Ziel kommen.

Auch mit Aristoteles hat man es im Deutschen nicht leicht.
Bei manchen Übersetzungen stolpert man fortwährend, so
ungleich ist die Sprache, und eine handliche Ausgabe fehlt auch
(im Englischen wirkt Aristoteles sehr viel natürlicher). Ich
empfehle, mit der Schrift *Über die Seele* (De anima) zu begin-

nen, da ist seine großartige Sachlichkeit auch sprachlich schön und leicht zu fassen. Das kann man nicht von allen anderen seiner Schriften behaupten, die auch nicht für Leser geschrieben sind (wie Platons Dialoge), sondern als Grundzüge seiner Vorlesungen. Da hat dann jeder selbst zu entscheiden, ob er sich diesem Studium widmen will. Die *Metaphysik* ist für Philosophen geschrieben, die *Ethik* setzt die Rekonstruktion einer Gesellschaft voraus, die nicht mehr die unsere ist. Andererseits ist er unerläßliche Quelle: Wenn wir etwas über antike Politik wissen wollen oder über die Tragödie, so greifen wir zu seinen Schriften. Er besaß die erste große Bibliothek, und wenn er auch alles anders dachte als sein Lehrer Platon, so wußte er doch zumindest alles, was man damals wissen konnte.

Die antike Philosophie griff ins Leben ein. Wie die mittelalterlichen Ordensregeln bestimmte eine Philosophie die Lebensweise, die Erkenntnis von Gott und Welt und den Umgang mit irdischen Gütern. Stoiker und Epikureer bezeichneten zwei Gegensätze. Dabei stand eine Logik, die wir auf Argumente gründen, mit einer Ethik, die wir auf Willensentscheidungen bauen, und mit einer Naturerkenntnis, die wir aus Theorie und Forschung ableiten, im engsten Zusammenhang. Auch damals stritten sich die Leute, aber als ganze Menschen. Und man erwartete voneinander Konsequenz im Denken und Handeln. So entstand gelegentlich etwas, das man Weisheit nennen kann, und das selten geworden ist.

Die Philosophie entstand bei den Griechen gleichzeitig mit der Tragödie und der Geschichtsschreibung, der Darstellung des in sich bewegten Menschen in der bildenden Kunst und mit der Geometrie und Mechanik und der Theorie der ärztlichen Kunst. Eine ungeheure Dynamik in politisch sehr unruhiger Zeit! Und ein Aufbruch der Geister zwischen den ionischen Städten in Kleinasien und den griechischen Kolonien in Süditalien und auf Sizilien.

Warum hat Sokrates seine Frau so schlecht behandelt?

Oder sie ihn? werden aufgeklärte Feministinnen mir entgegenhalten. Das Philosophieren hieß einmal, eine Lebensform zu wählen, wie in den indischen Religionen oder im mittelalterlichen Mönchtum. Das Neue war aber, daß man die Wirklichkeit nach dem Gedanken konstruierte. Nicht weltfremd und abstrakt, sondern so gültig, wie die Eigenschaften eines rechtwinkligen Dreiecks in der Geometrie für alle rechtwinkligen Dreiecke gelten. So genau und überzeugend wie die Beschreibung der Pest und die Analyse des Bürgerkrieges bei Thukydides. Und so lebendig und schön wie die Figuren auf dem Parthenonfries (im Britischen Museum): Die Götter sind den Menschen und die Menschen den Göttern ähnlich.

Sokrates war nicht schön, sehnte sich aber nach Schönheit. Er lebte nicht in Wohlstand, Harmonie und Frieden, sondern suchte nach deren Bedingungen. Ein Schuster und Schreiner versteht in der Regel sein Handwerk, und wenn nicht, so merkt man es bald. Bei Politikern und Priestern ist das anders. So sucht die Philosophie nach der Idee der Gerechtigkeit und des Göttlichen, die sich so zu unserer Welt verhalten, wie die reinen geometrischen Formen und Funktionen zur krummen Wirklichkeit und wie die unbewegte Ewigkeit zur bewegten Zeit.

Es gibt nicht hier Theorie und da Praxis nach eigenem Recht. Aber es gibt angemaßte, falsche Theorie, und es gibt auch dumme und verlogene, selbstzerstörerische Praxis. Philosophie findet dort statt, wo Theorie die Wirklichkeit beschreiben oder analysieren kann. wo Erkenntnis zustande kommt. Und weil die Philosophie sehr erfolgreich war, hat sie sehr viele selbständige Wissenschaften aus dieser Arbeit entstehen sehen, Wissenschaften der Natur und des Lebens, des Rechts und des Staates, der Wirtschaft und des Sozialen. Es wäre aber ein Irrtum zu meinen, daß sie nun, wie eine Großmutter auf Rente, sich nur noch mit sich selbst und mit ihrer Geschichte beschäftigen sollte.

Wirklich Theorie zu machen, ist nicht nur Sache der Begabung, sondern strapaziös. Es setzt eine Distanz zum Alltagsleben voraus, die man nach getaner Arbeit von Zeit zu Zeit wieder überwindet. Aber geniale Wirtschaftstheoretiker sind in der Regel nicht die, welche leicht Geld verdienen, geniale Psychologen nicht die, welche ein glückliches Familienleben führen. Und unter diesem Widerstreit hat Frau Xanthippe wohl gelitten.

Der Weltgeist zu Pferde und am Schreibtisch

Ich glaube nicht, daß die gesamte Philosophie nur aus Fußnoten zu Platon und Aristoteles besteht, wie man einmal gesagt hat. Aber sie verkörpern zwei Typen und auch zwei Temperamente theoretischer Arbeit, die sich immer wieder finden. Ich hatte unter die wenigen Autoren der klassischen Überlieferung auch einen Stoiker gesetzt, Marc Aurel, den man mit Epiktet und den nur in Fragmenten überlieferten Lehren der anderen endlich einmal in einer kompakten, gut kommentierten Ausgabe herausbringen sollte. Und neben die historisch und ethisch unerschöpflichen Lebensbeschreibungen des Plutarch hatte ich ein Beispiel der spätantiken Theorie gesetzt, Plotins Schrift *Über Ewigkeit und Zeit* (zweisprachig und vorzüglich kommentiert), weil dieses Denken bis zur Romantik in Abständen immer wieder alle Spekulation und auch die Poesie geprägt hat.

Für den Anfänger ist antike Philosophie erst einmal überraschend knapp und nüchtern, sie macht wenig Worte und keine Versprechungen. Unbekümmert geht sie aufs Ganze und stellt die gewohnte Welt auf den Kopf. Man denkt immer, es müsse mehr darin stehen, und das stimmt, mehr als in der deutschen Übersetzung, weil die Worte und Begriffe gelten, ohne sich aufzublähen. Wären wir eine ›Kulturnation‹, dann würden unsere Arbeitsämter endlich Griechischkurse finanzieren statt solcher in Informatik.

Eine unerwartete poetische Summe der mittelalterlichen Philosophie haben wir schon in Dantes *Göttlicher Komödie*. Und eine ganz persönliche, undogmatische und durch die

eigene Erfahrung gefilterte Auffassung antiker Moralphiloso-
phie und der Philosophie der Renaissance haben wir in Montaignes *Essays*. Wenn die neuzeitliche Philosophie einsetzt,
mit Descartes, der während des Dreißigjährigen Krieges in
Deutschland an einem Kamin einsam sich der Wirklichkeit seines Denkens versichert, so steht verborgen viel mittelalterliche
Spekulation dahinter.

In Deutschland hat man Spinoza zu lange unterschätzt. Und
Hobbes eher überschätzt – aber deshalb gibt es noch lange
keine vernünftige Ausgabe, um ihn auch zu lesen. Spinoza hat
mit der *Ethik* die erste Philosophie des Menschen in der Gesellschaft geschrieben. Er sagt nicht mehr, wie Aristoteles, wie die
Menschen sich verhalten sollen, sondern lehrt begreifen, wie
sie sich wirklich verhalten. Er beschreitet den Weg zur klassischen Soziologie der Moderne. Für die deutschen Philosophen
war er die größte Herausforderung zu Beginn des Idealismus.
Man braucht nicht seiner geometrischen Beweismethode zu folgen, sondern kann ihn, wie Goethe es getan hat, ganz naiv
lesen, seiner Einsichten und seiner Weisheit wegen.

Leibniz, so schrieb Diderot in seinem *Encyclopédie*-Artikel,
sei soviel wie Platon und Aristoteles zusammen. Und die Deutschen schafften es nicht, ihren größten Philosophen in einer
anständigen Ausgabe zu drucken. Der große Mathematiker,
den die Kybernetik seit dem 20. Jahrhundert langsam zur
Anwendung bringt, der große Metaphysiker, der alle wider-
streitende Spekulation zu integrieren versucht, der Erkennt-
nistheoretiker und Sprachphilosoph, der Lockes Essay über
den menschlichen Verstand Paragraph für Paragraph auseinan-
dernimmt und die sensualistische Theorie durch wirkliche Philosophie berichtigt, der geniale Techniker schließlich, der wie
Archimedes alles, was es noch nicht gibt, so eben mal erfindet:
Wer kennt ihn schon? Man beginne mit den *Kleinen Schriften*
und fordere mehr.

Einen der lebendigsten Brennpunkte des Philosophierens
im 18. Jahrhundert bildet Diderot, den wir als Autor bereits
genannt haben. Zwischen Descartes und Locke und Shaftes-
bury, Spinoza, Condillac und der neuen Biologie setzt er sein

experimentelles Denken zu neuen Horizonten in Bewegung; daraus werden erstaunliche Werke, kein System.

Seit Schiller und Kleist an einer Kant-Krise laborierten, plagen sich viele empfindsame Jünglinge in Deutschland damit (junge Frauen sind resistenter oder wirklichkeitsnäher). Kant hat sehr lebendige Aufsätze geschrieben. *Was ist Aufklärung?*, den *Streit der Fakultäten*, den *Ewigen Frieden*, und mit den drei Kritiken ein systematisches Werk über die Bedingungen und Grenzen unseres Denkens.

Es ist eine formale Erörterung, wie in der Mathematik, die auf die ältere Metaphysik antwortet, aber ohne dem Leser einen Gegenstand vor die Augen zu stellen. Wenn man weder mit diesen metaphysischen Inhalten noch mit jenen Formen vertraut ist, kann es einem ergehen, als ob man ohne bergsteigerische Ausbildung eine senkrechte Wand hinaufklettert. Deshalb warne ich diejenigen, die keinen kennen, der einem hinauf oder wieder herunter hilft, wenn man sich da ohne Vorbereitung verstiegen hat. Manche bemerken auch die Schwierigkeiten gar nicht und kommen schlafwandlerisch als Pedanten der Schulphilosophie oben an. Wo aus ein paar Büchern eine Bibliothek werden soll, steht irgendwann auch eine Kant-Ausgabe dabei, und sie wird früher oder später mit Genuß und Gewinn gelesen.

Es ist, und erstaunlicherweise gerade in deutscher Sprache, schwer, einführende philosophische Texte zu finden. Ich habe daher einmal einen Band zusammengestellt (und großenteils übersetzen müssen) aus Montaignes Essay über die Erziehung, aus Descartes' beiden ersten *Meditationes*, aus Spinozas *Traktat zur Verbesserung des Verstandes* und aus Diderots herrlichem *D'Alemberts Traum*, mit Kants Aufsatz *Was ist Aufklärung?* und Hegels *Einleitung in die Verfassungsschrift*.

Sucht man in deutscher Sprache ein Werk, das von der Erfahrung aus und durch ihre Irrtümer hindurch, wie ein Roman, zum philosophischen Denken führt und dessen Höhe erreicht, so gelangt man unumgänglich zu Hegels *Phänomenologie des Geistes* (1807). Nun kann man nicht behaupten, daß sie durchgängig leicht und elegant geschrieben sei und den Leser vor Anstrengungen bewahren möchte. Aber sie handelt von dem, was wirklich jeden lebenden und denkenden Menschen angeht, Lust und Leid, das Werden des Individuums zwischen guten Absichten und schlechten Folgen, Liebe, Schönheit und Erkenntnis, Scheinheiligkeit, Selbstbetrug und Tod, als Weg des Bewußtseins, sich im Ganzen seiner und der menschlichen Geschichte zu begreifen.

Damit ist der Maßstab gesetzt, der die nachfolgenden Philosophen zum Verzweifeln, Partikularisieren und Regredieren nötigte. Man kann von der *Phänomenologie des Geistes*, der *Rechtsphilosophie* und der *Enzyklopädie* Hegels nicht einfach weiter. Man kann philosophisch Wissenschaft betreiben, wie Wilhelm von Humboldt mit der Sprachphilosophie, sein Bruder Alexander mit der Naturforschung, Helmholtz mit der Physiologie, Jacob Burckhardt mit der Geschichte, Max Weber mit der Soziologie. Aber mit der Philosophie hat man es furchtbar schwer, und neben dem gewaltigen Aufwand von Scharfsinn und wissenschaftlichem Detail droht das Abrutschen in Belletristik und falsche Prophetie.

Bei der Lektüre der *Phänomenologie des Geistes* darf man sich nicht von Anfangsschwierigkeiten aufhalten lassen. Man muß hindurch, denn sie erklärt sich, wie schon gesagt, vom Ende her, und wenn man einmal durch ist, ohne etwas verstanden zu haben, fängt man wieder an und geht sie immer wieder durch wie eine schwierige Partitur, die sich erst nach und nach erschließt. Ist das gelungen, kann man die philosophischen Schriften des 20. Jahrhunderts mit Gelassenheit mustern. Die Gefahr, daß man auf den Bauch fällt vor Staunen, wenn hochbegabte Philosophen mit ungeeigneten Mitteln versuchen, die katastrophale politische Machtergreifung anderer im Geistigen nachzumachen oder aus der Heiligenlegende ihres Lebens Gewalt über die Geister zu bewirken, wird dann doch geringer.

Das genaue Lesen mit geschärftem und geschultem Blick ist die beste kritische Instanz. Das Denken muß sich, auch wenn es mit der Sprache ringt, in der Sprache bewähren. Die Ruhmesblätter des 20. Jahrhunderts verwelken bereits, ehe es ganz zu Ende gegangen ist. Über den revolutionären Bruch im 19. Jahrhundert empfehle ich dem, der eine Einführung wünscht, ehe er die Schriften selbst liest, Karl Löwith, *Von Hegel zu Nietz-sche*. Das meiste, was im 20. Jahrhundert folgt, ist Sekundärli-teratur, akademische Untersuchung. Gewiß gibt es Bücher, die von einem Gedanken, einer Erfahrung Zeugnis ablegen und darin in ihre eigene Wahrheit beanspruchen können, wie Hork-heimer/Adorno, *Dialektik der Aufklärung* (1944).

Die wahre Geschichte und die falschen Geschichten

Die wahre Geschichte (d. h. Geschichtsforschung) beginne, so sagte David Hume, mit der ersten Seite des Thukydides. Ich habe trotzdem daneben Herodot gesetzt, damit die pragmati-sche Untersuchung des Ereignisverlaufs nicht getrennt sei von der Neugier auf alle erfahrbaren, archaisch fernen und exotisch weiten Geschichten und von der Lust zu forschen.

Wären Herodots *Historien* nicht überliefert, so fehlte uns viel an Wissen vom Menschen, von der Vielfalt seiner Kulturen und ihrem Aufeinanderstoßen. Es wäre, als besäßen wir nur Platon, aber nicht Homer, um uns das Verhältnis des Menschen zum Göttlichen im griechischen Denken zu erschließen. Und Herodot ist alles andere als eurozentrisch. Der Orient und Ägypten werden nicht als das Fremde, sondern als Heimat und Herkunft unserer Gedanken und Formen angesehen, aus der unser merkwürdiges Europa sich herausgelöst hat. Wir gewin-nen Vergangenheit durch ihn. Sehr vieles, was wir noch gern wüßten und was in der Antike aufgezeichnet wurde, ist verlo-rengegangen. Und dann wurde nicht das aufgezeichnet, was wir gerne wüßten.

Die römische Geschichtsschreibung ist entweder amtlich oder moralistisch. Die amtliche setzt die Kenntnis der Zustände voraus, die wir gern beschrieben sähen, und die moralistische empört sich über die Skandale, die damals so waren wie heute, und enthält uns das vor, was wirklich anders war. Ich habe Sallust und Tacitus auf unserer antiken Liste pla-ziert. Beide schreiben, was wir heute eher Journalisten als Historikern zuweisen, über die selbsterlebte Zeit. Sallust (um

50 v. Chr.) über die Verschwörung des Catilina, in die auch
Caesar verwickelt war und mit deren Aufdeckung Cicero sich
mehr rühmte, als seinen Zeitgenossen recht war. Das ist Politik.

Tacitus (um 100 n. Chr.) beschreibt oder verflucht schreibend die Kaiserzeit. Er rühmt nicht die großen administrativen
Leistungen und den Stand der Zivilisation. In finsteren Farben
schildert er die Erniedrigung des Menschen in Despotie und
Knechtschaft vor dem leuchtenden Hintergrund der vergangenen republikanischen Freiheit. Er ist deshalb kein Reaktionär,
denn die halten es ja in unseren Zeiten mit der herrschenden
Gewalt, und auch kein Romantiker, denn die schreiben nicht
kritische Zeitgeschichte, sondern er ist einer, der im Gegensatz
zu seiner Epoche lebt. Das lag der Renaissance noch fern, aber
im europäischen Barock wird Tacitus zum beherrschenden
historisch-politischen Schriftsteller. Die Autoren des Absolu-
tismus erkennen sich in ihm wieder und schöpfen Mut.

Auch wenn man es gar nicht merkt, beschäftigt man sich
doch am meisten mit der Geschichte des eigenen Landes. Die
mittelalterlichen Chronisten hatten ein Schema der Weltge-
schichte von der Schöpfung bis zum Jüngsten Gericht. Das Vergangene schrieben sie ab, das Selbsterlebte fügten sie hinzu. So
völlig hat sich das seither nicht geändert. Scharf beobachtende
Chronisten, die selbst inmitten des Geschehens standen und in
der Landessprache schrieben, hatte Frankreich schon seit den
Kreuzzügen. Der bemerkenswerteste ist Philippe de Commy-
nes im 15. Jahrhundert, der vom Burgunderherzog Karl dem
Kühnen zum französischen König Ludwig XI. wechselte. Die
deutschen Historiker und Chronisten dagegen schrieben, von
regionalen Ausnahmen abgesehen, bis ins frühe 18. Jahrhundert Latein.

Der erste, der wirklich und glänzend deutsch schreibt, ist
Winckelmann, und der schreibt über antike Kunst. Und Justus
Möser schreibt keine deutsche (die gab es auch kaum), sondern
osnabrückische Geschichte. Die Fachhistoriker erforschten
und beschrieben entweder deutsche Reichsgeschichte mit
einem Wust konfessioneller und juristischer Streitigkeiten,

oder, und manchmal lieber, europäische Staatengeschichte, weil man es da mit überschaubaren Einheiten zu tun hatte. Aber darin kam Deutschland gar nicht vor.

Vielleicht ahnt hier der Leser schon, daß es zwar keinen Sonderweg deutscher Geschichte, aber besondere Schwierigkeiten deutscher Geschichtsschreiber gibt.

Niccolò Machiavelli schreibt (um 1520 und im Auftrag) die *Geschichte von Florenz*, und dabei entdeckt er die von den Chronisten vorher verschwiegenen inneren Streitigkeiten der rivalisierenden Parteien, und in ihnen, die andere Städte zugrunde gerichtet hätten, sieht er das Geheimnis der besonderen Blüte von Florenz. Zur gleichen Zeit entdeckt Francesco Guicciardini, daß das in viele Herrschaften zerspaltene Italien eine gemeinsame Geschichte hat und erleidet, und schreibt zum erstenmal eine Geschichte Italiens (seit einer Übersetzung im 16. Jahrhundert nicht mehr im deutschen Buchhandel!).

Darauf mußte man in Deutschland noch lange warten. In England zwingt der Bürgerkrieg im 17. Jahrhundert zu einer moderneren Auffassung der Geschichte. In Frankreich waren im religiösen Bürgerkrieg im 16. Jahrhundert großartige Konzeptionen geschichtlicher Auffassung entwickelt worden, aber die Hofhistoriographie kam dem nicht nach, und Voltaire forderte sie mit einer kulturgeschichtlichen Konzeption heraus, die durch den Skeptizismus hindurchgegangen war: Da man in der politischen Geschichte keinen Sinn erblicken konnte, schaute er auf die konstruktiven Kräfte des Geistes, der Künste und der Zivilisation.

Kulturgeschichte gegen die, die keine Kultur haben

Wenn Voltaire ein *Jahrhundert Ludwigs XIV.* schreibt, so ist das eine Ohrfeige für Ludwig XV. Der große König wird nicht seiner verheerenden Politik wegen gerühmt, sondern weil er große Künstler förderte. Inzwischen war die Politik immer noch verheerend, aber es wurden nur noch Tröpfe gefördert, und wirklich hat sich alles, was von der Epoche der Aufklärung geblieben ist, gegen den Hof entwickeln müssen. Vielleicht war das ein Glück? Und ein Glück, das die deutsche Literatur unter Friedrich II. teilte.

In der Gattung Kulturgeschichte ist *ein* Werk wirklich jung geblieben, Jacob Burckhardts *Kultur der Renaissance in Italien* (1860). Burckhardt belebt eine Epoche, die vorher historisch als Ende des Mittelalters galt und nur für die Humanisten als Beginn einer neuen Zeit aus eigenem Recht. Er entdeckt in ihr die Jugendgeschichte des modernen Europäers. Und er tut es nicht weniger polemisch als Voltaire. Er schreibt gegen die, die die Kultur an den Erwerbstrieb verraten, die die Erinnerung an den Fortschritt verkaufen und die Kulturpolitik machen wollen, ohne Kultur zu haben. Er beschwört einen Wettstreit der Künste trotz Gewalt und Verbrechen, er beschwört die Schatten der Stadtbürger und Fürsten, die selbst die klassischen Schriften lesen, Bibliotheken und Schulen ins Leben rufen und nicht nur in Geschäfte, sondern auch in Kultur investieren.

Burckhardt schreibt aus der Distanz und Reserve. Mißtrauisch blickt er auf die preußisch-deutsche Einigungspolitik. Er hat aus Verantwortungsgefühl eine Aufgabe der Rettung ergriffen und weit über sein Vermuten hinaus die Renaissance ins Bewußtsein gehoben. Seither haben die Europäer ein Jugendalter, offen und ohne die Schranken von Nation, Konfession oder Stand und Klasse.

Das Mittelalter wird wieder jünger

Das Mittelalter haben die Humanisten in der Zeit der Renaissance erfunden, und die Romantiker haben ihm den Goldgrund gemalt. Gegeben hat es das Mittelalter glücklicherweise nie. Aber als das Römische Reich von innen vom Christentum und von außen von den Barbaren erobert wurde, änderte sich doch so viel, daß die Historiker einen Anlaß zur Arbeitsteilung sahen. Die schriftlichen Quellen der Zeit von 500 bis 1500 sind zwar meist auch lateinisch, aber nicht im klassischen, sondern im Mönchs- und Küchenlatein.

124 **Das Mittelalter wird wieder jünger**

Statt es als »finsteres Mittelalter« anzusehen, kann man es als die Epoche des Übergangs und der Überlieferung antiker Kulturformen in der Mischung mit neuen ansehen. Ich hatte unter dem Stichwort Literaturwissenschaft auf zwei Autoren verwiesen, die unter dem Aspekt der Überlieferung und des Stilwandels die Einheit europäischer Literatur betonen. E.R. Curtius, der sich methodisch an Aby Warburgs Kulturgeschichte orientiert, und E. Auerbach, der bei Dante das Verfahren (›Figura‹) und bei Vico die philologische Erkenntnislehre entdeckt.

Zur gleichen Zeit hat Marc Bloch, der mit Lucien Febvre die Zeitschrift ›Annales‹ gründete und der französischen Geschichtsschreibung damit eine neue Orientierung auf Gesellschaftsstrukturen, Ökonomie und Mentalitäten gab, eine leuchtend klare und lesbare Darstellung erarbeitet, *Die Feudalgesellschaft* (1940). In der Folge entwickelten sich die französischen Historiker vor allem des Mittelalters zu Schriftstellern, die ein großes Publikum erreichen (Ph. Ariès, G. Duby, J. Le Goff) und damit das Mißtrauen ihrer deutschen Kollegen erregen, von Ausnahmen stets abgesehen.

Da mir sehr daran liegt, den Leser von den Gesamtdarstellungen und Biographien zu den Quellen selbst und zu den Studien und damit zum »Ausgang aus seiner selbst verschuldeten Unmündigkeit« zu bewegen, noch zwei Hinweise. Aus einer umfassenden Lektüre und überlegenen Kenntnis, von der auch seine Schriften zeugen, hat Arno Borst mit *Lebensformen im Mittelalter* (auch als Taschenbuch) ein kommentiertes Quellenlesebuch zusammengestellt, das zu lesen Vergnügen macht und keine Voraussetzungen erfordert. Hier kommen für jeden die uns verwandten und doch fremden Stimmen zum Sprechen, die in wissenschaftlichen Bibliotheken in unlesbaren Folianten bisher verborgen waren. So wie heute ein weites und offenes Publikum mit Vergnügen alte Musik und gerade aus dem Mittelalter hört, das bei musikwissenschaftlichen Vorlesungen die Flucht ergreifen würde, so bildet sich ein Publikum, das die Quellen eigensinniger menschlicher Stimmen selber lesen will.

Und für das, was sich nicht leicht aus der unmittelbaren Lektüre erschließt, weil man das Problem erst entdecken und auf-

spüren muß, gibt es Studien, manchmal vorzügliche. Ich will
eine nennen, von einem deutschen Historiker in der Emigration geschrieben und nach langem, fast rituellen Abraten und
Bedenken der deutschen Fachgenossen endlich gleich ins
Taschenbuch übersetzt: Ernst Kantorowicz, *Die zwei Körper
des Königs*. Ein wirklich gescheites Buch, vom Geist lebendiger Forschung getragen, das aus den entlegensten Einzelheiten
mittelalterlicher Jurisprudenz die Mythologie des Königtums
rekonstruiert.

Große Räume, lange Zeiten

Nicht Datensammlungen und Überblicke will ich empfehlen.
Aber manchmal kommt es vor, daß ein Thema, das etwa in der
alten deutschen Kulturgeographie angelegt war, erst viel später
und anderswo ausgearbeitet wird. Fernand Braudel hat, und
noch dazu in einem deutschen Kriegsgefangenenlager, in ein
wachstuchgebundenes Heft nach dem anderen seine große Synthese des Mittelmeerraumes in der zweiten Hälfte des 16. Jahrhunderts nach langen Forschungen entlang den Küsten dieses
Meeres geschrieben. Die zerklüfteten Landwege und die leichten, aber oft gefährlichen Verbindungen über See, die Dörfer
für Fischfang und Seefahrt unten, und ihre anderen Hälften,
für Landbau und zum Schutz vor Seeräubern, weit oben. Die
Teilung in ein östliches und westliches Becken, Venedig hier
mit dem Orient und Gewürzhandel, Genua dort mit dem sizilia-
nischen Weizen, all das nimmt Gestalt an, die Handelswege zum
Norden und der Wechsel schließlich vom Mittelmeer zum
Atlantik.

Auch hier, im Feld der weiten Horizonte, möchte ich auf zwei
vorzügliche Sammlungen von Studien verweisen. Einmal
Lucien Febvre, in Deutschland zu wenig bekannt, in Frankreich für eine Generation der lebendigste, kritischste, anre-
gendste Historiker, mit dem Band *Das Gewissen des Historikers*. Wenn die deutschen Althistoriker (auch hier mit Ausnah-

men) Arnaldo Momigliano eher verschweigen oder kritisieren, so handeln sie, hätte Karl Kraus gesagt, in berechtigter Notwehr. Niemand kannte gerade die deutsche Altertumswissenschaft seit ihrem Aufstieg um 1800 besser als Momigliano, und niemand hat mit so viel Kenntnis, Liebe und Kritik von Pisa über London bis Chicago für sie geworben wie er. Dabei ging die Kenntnis der antiken Geschichte Hand in Hand mit der Kenntnis ihrer Erforschung seit der Renaissance. Und niemand konnte so die zeitgeschichtlichen Bedingungen einer Fragestellung der Moderne, die sich auf die Antike richtet, herausarbeiten. Das werden wir lernen müssen und nicht als Kuriosität bewundern: Wege in die alte Welt.

Im Fremden das Eigene erkennen

Bücher gibt es, bei deren Lektüre das Herz klopft. Da merkt einer, das geht mich an. So berichtet es Malebranche von der Lektüre des Descartes. Das erzählt Lévi-Strauss, als er den Essay *Die Gabe* von Marcel Mauss las. Da ist das vorher unverständliche Vergeuden von Gütern ökonomisch begriffen unter dem Gesichtspunkt des Sozialprestiges, und das Wirtschaftshandeln der verschiedensten Kulturen wird auf einmal klar.

So etwas kommt selten zustande. Es setzt eine umfassende Kenntnis der unterschiedlichsten Phänomene voraus und die Fähigkeit, sie zu durchschauen und den Begriff zu finden, unter dem sie eine neue Ordnung und Synthese bilden. Marcel Mauss umfaßt zwei einander ergänzende Theorien der Gesellschaft. Die anthropologisch und ethnologisch orientierte Soziologie von Emile Durkheim und die an den weltgeschichtlichen Kulturen und dem historischen Wandel orientierte von Max Weber. Mauss hat nie ein Buch geschrieben, aber seine Aufsätze enthalten mehr als mancher Leute Bücher.

Die Wissenschaft vom Menschen in der Gesellschaft ist ein Ganzes. Es gibt die vielfältigsten Studien und dafür mancherlei Methoden, aber man sollte nicht glauben, daß dadurch jedesmal eine neue Disziplin entsteht, bis jemand kommt, der das

dahinter verborgene Interesse aufdeckt. Bei einer Untersuchung kommt es darauf an, die Frage richtig zu stellen. Daran
scheitern schon die meisten Bücher: Sie wollen zuviel beant-
worten und sagen gar nichts. Andere kommen mit dem Material nicht zurecht, weil sie es nicht selbst erarbeitet haben, sondern aus zweiter Hand beziehen. Für viele Probleme gibt es
eine ordentliche Untersuchung, für andere ist eine im Gange.
Ich will versuchen, die Augen zu öffnen.

Deutschland im Kaiserreich (1871–1918) war politisch und
wirtschaftlich zu schnell und ungesund gewachsen. Das Verhältnis der europäischen Mächte untereinander war bedroh-
lich. Gerade die konservativen Staaten hatten sich die riesigen
Volksheere der Französischen Revolution aufgebaut, betrieben
aber die alberne Diplomatie kurzfristiger Militärbündnisse des
Ancien régime, die aus der Zeit kleiner Söldner- und Kavaliers-
heere stammte. Wer ein Sensorium für geschichtliche Entwicklung hatte (mit dem Risiko, sich zu täuschen), mußte besorgt
sein.

Nun kann man bei unterschiedlicher Begabung verschieden
reagieren, auch wenn man ins gleiche Material der Weltge-
schichte greift. Man kann einen Reißer schreiben, etwa mit dem
Titel ›Untergang des Abendlandes‹. Das macht Eindruck, ist
nicht ohne geniale Züge, aber Wissenschaft lernt man daraus
nicht. Man kann aber auch von gängigen Deutungen aus umgekehrt die Kategorien unseres historischen und soziologischen
Verstehens überprüfen und mit geschärftem Blick das Material
erforschen, Entdeckungen machen und Schlüsse daraus ziehen. Das hat Max Weber getan. Er hat etwa den Wandel von der
Antike zum Mittelalter in der Agrarwirtschaft studiert und zu
deuten versucht. Er hat aber auch die aktuellen Probleme der
deutschen und ausländischen Landarbeiter im ostelbischen
Preußen untersucht und Schlüsse daraus gezogen. Er hat aus
der damaligen konfessionellen Verteilung der ökonomischen
Aktivität die Entstehung des klassischen Kapitalismus erschlossen. Und er hat die großen Religionen der Welt daraufhin
untersucht, welche Wirtschaftsethik sie hervorbringen, wie
ihre Anhänger ökonomisch handeln. Aus historischer Kenntnis

hat er den schwachen Parlamentarismus des Kaiserreichs kritisiert, die mangelnde politische Kultur und die Unfähigkeit der Arbeiterklasse, eine politische Führungsschicht zu bilden. Und er hat zu Studenten gesprochen, über den Beruf zur Politik, über den Beruf zur Wissenschaft, so ernst und klar wie niemand sonst.

Da muß man ran. Lange war das sehr teuer, und man fing mit einem (guten und gut kommentierten) Auswahlband an. Jetzt liegen die Schriften als Taschenbuchausgaben vor. Zu jedem Thema gibt es auch neuere Studien, aber das ist ein Maßstab, woran man sie mißt, ein Werk, zu dem man zurückkehrt. Wir haben andere Erfahrungen, neue Kenntnisse, aber die wissenschaftliche Redlichkeit, die Verantwortung vor der Geschichte haben sich nicht geändert.

Bücher für die Ferne

Das Problem und Glück der historischen Forschung ist, daß das Bewußtsein des Erkennenden immer ein heutiges ist. Bei der Ethnologie und dem Reisen ist es immer ein hiesiges. Die Erfahrung des Fremden und der Ferne verwandelt uns ein wenig. Wir werden denen hier und heute etwas fremd. Aber wer zurückkommt von Reisen, aus Bibliotheken und Archiven, der redigiert für hier und heute, was er dort erfahren und aufgezeichnet hat.

Es gibt Menschen, die führen nur ihr Temperament durch die Welt spazieren, mit großem Wagemut manchmal und sehr offenen Augen, um den Lieben daheim etwas zu erzählen. Und andere verwandeln sich in einer Erfahrung. Deshalb sind die Augenzeugen und Beobachter der Französischen Revolution so wichtig; das ungeheure Ereignis steigert sie, und sie wissen, daß man etwas von ihnen erwartet. Bei anderen Reisenden scheint die Hauptsache, mit heiler Haut davonzukommen. Und dann gibt es die ungeheure Enttäuschung, die viele zu verbergen suchen. Das Erwartete kam nicht zustande, der Orient ist gar nicht orientalisch, und die Wilden sind nicht edel.

Vielleicht blüht die Reiseliteratur so, weil sie denen, die zu Hause bleiben, die Enttäuschung erspart, und den anderen zeigt, wie man sie kaschiert. Reisen kann wohltun, ein anhaltendes Glücksgefühl bedeuten, aber das liegt an der Bewegung und nicht am Ziel der Reise. Noch komischer als Bildungsreisen sind die ethnologischen. Da studiert einer eine Kultur, verläßt seine eigene, um hinzufahren, und dann ist alles anders, und es passiert nur Unvorhergesehenes, lächerliche Schwierigkeiten bei den elementarsten Dingen.

Malinowskis Aufzeichnungen leben aus diesem Kontrast. Lévi-Strauss hat in den *Traurigen Tropen* mit Ironie den Zusammenstoß des Verfassers der *Strukturalen Anthropologie* mit der tristen Realität dargestellt. Sind gute Reisebücher die, die zum Aufbruch, oder die, die zum Dableiben verlocken? Lernt man bei der Lektüre ein Land kennen oder eine an einem Land veranschaulichte Illusion? Man kann es ausprobieren. Temperamente sind verschieden, und von Marco Polo bis zu Lady Montagu, von Georg Forsters Weltreise und der Reise an den Niederrhein bis zu Bruce Chatwin fehlt es nicht an Literatur.

Wenn Fallmerayer in seinen *Fragmenten aus dem Orient* (1845) das irdische Paradies in Kolchis beschreibt, da kann man Sehnsucht bekommen oder auch ganz einfach glauben, daß man da zu Hause ist, wenn Fürst Pückler-Muskau in den *Briefen eines Verstorbenen* (1829) England als das Land beschreibt, das sehr für die Pflanzen, aber weniger für die Menschen geeignet sei, so schafft er zauberhaft plaudernd eine Distanz, die, ernstgenommen, manches Land vor dem verheerenden Tourismus bewahren könnte.

Ob man reist oder nicht, man sollte daran denken, daß die besten Reisehandbücher im allgemeinen in der Verkehrssprache des Landes geschrieben sind (englisch für Südasien, französisch für Nordafrika), und daß die kleine Mühe die Orientierung dort erleichtert. Man kann es einmal mit dem *Indonesia-Handbook* oder dem *Guide du Sahara* (Hachette, Guides bleus) ausprobieren. Bildreiseführer kauft man nach der Reise, unterwegs sind sie zu schwer; das Wichtigste, zu Hause und vor Ort, sind genaue Karten.

Bücher aus der Ferne

Die gleiche Schwierigkeit, die viele Reisende daran hindert,
mehr als ihre gesteigerten Vorurteile und Illusionen mitzubrin-
gen und uns aufzutischen, macht auch das Übersetzen exotischer Literatur so heikel. Wir haben alle eine Vorstellung
davon, wie indische Weisheit und Poesie, chinesische Rätsels-
prüche und Novellen klingen müssen, um »echt« zu sein. Das ist
einfach ein Stück unserer jugendlichen Sehnsucht wie das
romantische Mittelalter und der Wilde Westen auch.

Und die Wissenschaft soll das natürlich nicht zerstören, sondern in Einsicht verwandeln. Aber wenn wir bei einem fahren-
den Ritter der Poesie wie Ezra Pound die endgültige Wahrheit
über chinesische Schriftzeichen staunend erfahren, so müssen
wir auch zur Kenntnis nehmen, daß das auf schwankendem
Grund gebaut ist, den kein Sinologe bestätigt. Und vielleicht
erläutert es uns die Verwendung der Metaphern in seiner Poesie. Sehr beliebte Übersetzungen chinesischer Novellen (von
Franz Kuhn) haben ein eigentümliches Kolorit, das die Philologen in den Originaltexten nicht wiederfinden. Um so schlimmer für die Tatsachen, wenn es uns Spaß macht. Und wenn
jemand, wie bei weisen und religiösen Texten, gern daran glauben möchte, fällt es ihm noch schwerer, nicht daran zu glauben.

Aber man verwechsele doch bitte nicht die eigene Sehnsucht
mit dem fremden Wesen oder Gegenstand. Das ist wie bei einer
schwärmerischen Liebe, die keine Gegenliebe finden kann.
Und doch, wer wollte sie ungeschehen machen? So gibt es viele
beliebte Texte, die ich aber nicht empfehlen kann. Und es gibt
sehr seriöse Übersetzungen (z. B. in der Reclam-Reihe Unesco-
Bibliothek der Weltliteratur), die aber nicht immer zum Träumen verlocken. Wenn ein Philologe einen fremden und gerade
exotischen oder archaischen Text erarbeitet, so ist das harte
Mühe und im glücklichen Fall ist die Frucht eine bessere
Erkenntnis. Aber nur selten ist der Philologe auch Poet, wie
etwa Friedrich Rückert. Und von dem berühmtesten Helleni-
sten der Jahrhundertwende sagte jemand nicht zu Unrecht:
Aber der übersetzt doch wie die »Gartenlaube«.

Und selbst bei bestem Willen und großem Können ist die Sprache des Übersetzers zu zeitgebunden oder nicht auf der Stilebene des Originals. Dann kann ein Stück Beckett zunächst nach Rilke klingen (Beckett verstand etwas von deutscher Sprache, im Gegensatz zu Eliot oder Pound, und korrigierte). Deshalb ist es so eindrucksvoll, wenn ein Dichter, von (meinetwegen sehr mäßigen) Übersetzungen exotischer Poesie beflügelt, selbst dichtet und sich bei Philologen unterrichtet und das, was ihm einleuchtet, mitteilt, »zu besserem Verständnis des *Westöstlichen Divans*«, wie Goethe es getan hat.

Wir sind es, die uns ständig ein neues Altertum erschaffen, einen Orient und exotische Welten. Die Quellen helfen uns dabei, *Gilgamesch* als eine der ältesten nannte ich schon, und der neueste Stand überholt nicht immer solide Arbeit wie Paul Deussens *Upanishaden* (1897), auch wenn wir etwas Schopenhauer dabei heraushören, oder wenn Rückert in allen Epochen romantisch klingt. Man lege seiner Neugier keine Zügel an...

Staat und Politik

Wie es damit in der Antike stand, erfahren wir aus Aristoteles' *Politik*; wie alles hätte ganz anders sein können, aus Platons *Staat* oder *Gesetzen*. Den neuen Kontinent einer politischen Wissenschaft hat Machiavelli entdeckt, aber der berühmte *Fürst* muß neben den *Discorsi*/*Über Staat und Politik* gelesen werden. Der *Fürst* (1513/16) beschreibt das Handeln in den tyrannischen Kleinstaaten, die in der Moderne viel eher einem wirtschaftlichen Unternehmen entsprechen, die *Discorsi* (1532 gedruckt) das im ganzen und auf die Länge viel wichtigere Handeln in einer Republik. Als neuentdeckte Insel gibt Morus seine *Utopia* (1516) aus.

Die Diktaturen, vor allem in der ersten Hälfte des 20. Jahrhunderts, haben das politische Denken nachhaltig verwüstet, und Machiavelli galt als Theoretiker moderner Gewaltherrschaft. Die *Utopia* von Morus geriet in andere ideologische Untiefen und galt den einen als Rückschritt ins Mittelalter, den anderen als sozialistische Zukunftsvorstellung. Von Zukunft ist aber nicht die Rede, und der Begriff Sozialismus müßte einen definierbaren Inhalt erst gewinnen. Morus führt hypothetisch, und das ist kein Scherz, einen Gedanken durch: Subsistenzwirtschaft ohne Gewinn in glänzender Isolierung. Er stellt, um Krieg und Verbrechen zu beenden, die Wirtschaft still zugunsten der Kultur. Das fassen die einen gar nicht, und die anderen können es ihm nicht verzeihen.

Das ist ein platonischer Ansatz, wie Machiavelli Aristoteliker ist. Ein dritter Entwurf aus dem so modernen 16. Jahrhundert liefert eine soziologische Analyse der Gewaltherrschaft aus der willentlichen Eingliederung vieler in den Unterdrückungsapparat: *Über die freiwillige Knechtschaft* von Etienne de La Boétie (1548). Seither wird diese Schrift immer wieder als aktueller Text zum Widerstand gelesen.

Hobbes, Locke, Rousseau werden stets mit anderen Augen gesehen. Der *Leviathan* (1651) ist eine Antwort auf den englischen Bürgerkrieg, Der *Gesellschaftsvertrag* (1762) eine Antwort auf die Verwahrlosung des öffentlichen Lebens unter dem »Minister-Despotismus« des Ancien régime. Sind das Antworten auf *die* Politik? Oder braucht man dazu die Mitwirkung historischer und soziologischer Analyse und philosophischer Theorie? Und wie bei der Kunst reicht es nicht, es gut zu meinen; dazu noch einmal Max Webers Rede *Vom Beruf zur Politik*.

Krieg

Das Wort hören wir nicht gerne, das Phänomen verdrängen wir an die Peripherie, und wundern uns, wenn es nicht respektvoll Distanz hält. Solange bei uns Leitartikel zur Einstimmung auf einen provozierten und erwarteten Krieg als vorgebliche Definition die Phrase zitieren, er sei die Fortsetzung der Politik mit anderen Mitteln, lohnt es sich, das klassische Werk nachzulesen. Bei Clausewitz, *Vom Kriege* (1832/34), lautet die Definition: »Der Krieg ist also ein Akt der Gewalt, um den Gegner zur

Erfüllung unseres Willens zu zwingen.« Wo das nicht der Fall
ist oder so geschieht, daß der besiegte Gegner es nicht akzeptieren kann, ist der Krieg nicht einmal zu Ende, sondern seine
Fortsetzung schon angezettelt.

Die meisten Auseinandersetzungen jüngerer Zeit werden gar
nicht militärisch geführt, sondern ökonomisch. Deshalb sind
die romantischen Schriften über Staatsstreich und Verschwörung, bewaffneten Aufstand, Palastintrigen und geheime
Gesellschaften obsolet geworden.

Wirtschaft

Nichts beschäftigt die Leute so sehr, und über nichts anderes
erfährt man so wenig oder Irreführendes, von unseren Schulen
an, wie über die Wirtschaft. Dafür werden aber auch die Möglichkeiten ökonomischen Handelns mit der Ausschließlichkeit
religiöser Dogmen durchgefochten.

Ein Beispiel: John M. Keynes empfahl, notfalls durch Staatsverschuldung Arbeit und Arbeitsplätze zu schaffen. Milton
Friedman dagegen riet, Arbeitslosigkeit in Kauf zu nehmen,
um eine zu hohe Staatsverschuldung zu drosseln. Erst folgte
man in den regelmäßigen Konjunkturbaissen Keynes und ver-
schuldete den Staat hoch, dann folgte man Friedman, und hohe
Arbeitslosigkeit ließ nicht auf sich warten, mit dem gekoppel-
ten Ergebnis noch höherer Staatsverschuldung bei sehr großer
Arbeitslosigkeit. Dabei hat niemand die Gesamtkosten langfri-
stiger Arbeitslosigkeit kalkuliert.

Schon Galiani in seinen *Dialogen über den Getreidehandel*
(in: *Französische Moralisten*) wußte, daß alle Empfehlungen
falsch sind, wenn sie falsch angewendet werden. Eine Empfehlung kann, wie in der Medizin und Meteorologie, nur für eine
genau bestimmte Situation sinnvoll sein, sonst richtet sie Schaden an. Da wir einen verdeckten Bürgerkrieg ökonomischer
Lehren erleben, die mit sektiererischer Sturheit aufs Ganze
gehen, müssen wir mit Schadensakkumulationen rechnen, für
die es innerhalb des ökonomischen Systems keinen Versiche-
rungsschutz gibt.

Das ist aber keine Prognose. Unsere entwickelte Wirtschaft seit dem 18. Jahrhundert hat zu einer über die Katastrophen hinweg stetigen Vermehrung allgemeinen Wohlstands geführt. Da niemand die Kosten der zuliefernden Kontinente und die Dauer dieses ganz großen Zyklus berechnen kann, wissen wir ausgesprochen wenig. Adam Smith glaubte an die unsichtbare Hand Gottes, Karl Marx an eine Umwälzung, die manche vielleicht nur nicht bemerkt haben, denen es jetzt majoritär sehr viel besser geht als in den Hungerjahren vor 1848.

Nicht so mal eben zum Schmökern, sondern im Blick auf eine Bibliothek möchte ich ein Werk empfehlen, das dann im Blick auf die zahllosen Interessenten endlich eine preiswerte Sonderausgabe rechtfertigt, Joseph A. Schumpeter, *Geschichte der ökonomischen Analyse* (1954 u. ö.). Das ist keine Sekundärliteratur und keine Geschichte der Wirtschaft, sondern eine Arbeit, die durchdringend und umfassend die fruchtbaren Gedanken ökonomischer Theorie darstellt. Etwas Besseres gibt es nicht, und vor allem Wirtschafts- und Sozialwissenschaftler sollten sich nicht aus falsch verstandener Sparsamkeit mit weniger begnügen. Und es öffnet die Augen für weiteres.

Von einem ganz anderen Gesichtspunkt aus behandelt Max Weber in *Wirtschaft und Gesellschaft* das gesamte Feld ökonomischen Handelns und in den *Aufsätzen zur Religionssoziologie* die unterschiedlichen Wirtschaftsethiken der Weltreligionen. Das liefert die geschichtliche Erfahrung (unter soziologischen Begriffen), in der jeweils die von Schumpeter behandelten Autoren ein Stück Erkenntnis gewinnen.

Was Recht ist...?

...muß nicht unbedingt lange Recht bleiben. Das Recht wird verändert. Deshalb gibt es neben den aktuellen Gesetzessammlungen und den Kommentaren dazu, die Juristen für Juristen schreiben, auch Bücher, die bleiben. Wenn sie erklären, wie das Recht einmal gewesen und wie es zustande gekommen ist, ordnet man sie der Rechtsgeschichte zu, wenn sie sich darüber

Gedanken machen, warum es Recht gibt und wie es sein soll, der Rechtsphilosophie.

Rechtsurkunden sind in alten Zeiten wichtige Quellen, um die sozialen Zustände zu erschließen, die damals niemand beschrieben hat. Wir sind gewohnt, daß unaufhörlich neue Gesetze geschaffen werden. Im römischen Recht hatte man so abergläubische Achtung vor einem Gesetz, daß man es behielt und alle Phantasie darauf wandte, es auf neue oder veränderte Tatsachen anzuwenden. Und das erfordert umgekehrt ein juristisches Vorstellungsvermögen, um aus den Rechtsverhältnissen einer vergangenen Zeit ihre Lebensweise zu erschließen. Das hat Vico mit der *Neuen Wissenschaft* getan, aber auch Theodor Mommsen oder Max Weber, der mit dem Fach Handelsrecht begann, weil man Soziologie noch gar nicht studieren konnte.

Marc Bloch, *Die Feudalgesellschaft*, macht die in den verschiedenen Ländern gemeinsam geltenden sozialen Strukturen der frühen mittelalterlichen Geschichte lebendig, und Ernst Kantorowicz, *Die zwei Körper des Königs*, hebt vergessene Vorstellungen ins Bewußtsein, die uns mythologisch erscheinen, die aber Recht bildeten. Und Rousseau kämpft gegen die älteren Rechtsbegriffe des Herrschaftsvertrags bei Grotius und Hobbes, wenn er seine Auffassung des *Gesellschaftsvertrags* entwickelt. Von diesen Büchern sprachen wir schon.

Wenn es Ärger mit Eigentum, Ehe, Familie, Erbschaft oder Verträgen gibt, so zählt nicht der gute Wille, sondern die juristische Form und die gesetzlichen Grenzen. Aber soll man das lesen? Stendhal hat jeden Morgen, ehe er sich an seine Romane machte, ein paar Seiten im Gesetzbuch gelesen, dem klar formulierten *Code Napoléon*: Da müssen sich unsere Gesetzgeber noch mächtig anstrengen, bis sie die deutschen Dichter so weit haben, von den Lesern ganz zu schweigen.

Was kann man lesen? Für eine gute Einführung in juristisches Denken halte ich Rudolf von Ihering, *Der Zweck im Recht* (1877). Das ist erfrischend respektlos und stützt sich auf eine gelehrte Darstellung des römischen Rechts, die mit der romantischen Verehrung der Vergangenheit abgerechnet hatte.

Wenn schon Recht gemacht wird, dann soll man es richtig machen. Nicht nur eine Geschichte, sondern Einsichten in das Recht aus dem europäischen Vergleich gibt Franz Wieacker, *Privatrechtsgeschichte der Neuzeit* (1967).

Und zur Rechtsphilosophie haben wir schon allerlei. In einer Kant-Ausgabe stehen so wichtige Texte wie die *Metaphysik der Sitten* und der *Streit der Fakultäten*. Hegel hat die Sphäre des Rechts in der *Phänomenologie des Geistes* durchwandert und ihr später die *Grundlinien der Philosophie des Rechts* gewidmet. Und mit der Kritik an Hegels Rechtsphilosophie beginnt die Arbeit des jungen Marx, der ja nun wieder Chancen hat, mit Vernunft gelesen zu werden.

Wie faß ich dich, unendliche Natur?

Das Buch der Natur, sagt man, sei in mathematischen Zeichen geschrieben. Aber die sieht man nicht, wenn man im Wald spaziert oder in den Zoo geht. Deshalb warnen Verleger ihre naturwissenschaftlichen Autoren, daß jede Formel in einem Buch die Zahl der Käufer halbiert. Und die Bücher, worein auch Verleger ihre Zahlen schreiben, die verkaufen sie ja nicht.

Umgekehrt wird das Beobachten, Fragenstellen, Forschen kaum durch Bücher geprägt. Die können nur helfen. Anschauung, Experiment und Theorie werden in der Praxis gewonnen und ausgeübt. Und da hält man zwar alle Daten und Begründungen in Büchern fest, aber in Büchern, die nicht als Werke, sondern als Hilfsmittel verstanden werden, die man ständig berichtigt und gegen neue austauscht.

Was man so liest, sind Popularisierungen, oft voll gefährlicher Vereinfachungen. Hypothesen werden als Erkenntnisse ausgegeben, Vermutungen als Entdeckungen und Analogien als Beweise. Langjährige Bemühungen um einen kleinen weiteren Schritt im Unbekannten werden zu Geschichten stilisiert. Die Neugier ist groß, und deshalb machen sich oft Journalisten an die Arbeit. Man möchte seine Überzeugungen bestätigt finden, und deshalb schreiben Menschen, die nie etwas entdeckt

haben, anderen, die nie etwas entdecken werden, die Regeln
dafür vor. Grauenvoll!

Die Entwicklung der Forschung ist nicht an Büchern abzule-
sen. Sie wird in Zeitschriften registriert. Ich will ein Beispiel
geben. Der geniale Chemiker Michael Faraday (1791–1867) hat
für ein Publikum von jungen Menschen ohne Vorkenntnisse an
einer brennenden Kerze seine Wissenschaft erläutert. Ich über-
lege, ob man diesen klar geschriebenen klassischen Text nach
150 Jahren noch empfehlen kann, und blättere in der neuesten
Nummer der Zeitschrift ›Nature‹ (vol. 353 vom 31. 10. 1991, es
gibt eine deutsche Ausgabe). Da finde ich die Rezension eines
Buches, das Faradays Thema aufnimmt und um die seitherige
Entwicklung der Chemie ergänzt: die Veränderungen der
Atome, Moleküle und Elektronen, der Säuren und Basen, der
Thermodynamik, der organischen Reaktionen bis hin zur Pho-
tosynthese (P. W. Atkins, *Atoms, Electrons and Change*).

Der Leser entscheide selbst, ob er Faradays *Naturgeschichte
einer Kerze* (1862) lesen möchte (als Taschenbuch erhältlich)
oder deren neueste Version, die morgen schon von anderen
ergänzt oder überholt werden kann. Und wenn auch die Inhalte
nicht so schnell wechseln, so ändert sich die Methode. Was ich
an einem Beispiel zeige, gilt für viele Bereiche der Naturwissenschaften. Wer sich da auf dem laufenden halten möchte, gerät
bald an die Grenzen des privaten Budgets. Gerade auf diesem
Gebiet ist es wichtig, daß die Stadt- oder Volksbibliotheken auf
dem laufenden sind.

Das beginnt mit den Zeitschriften. Die müssen ausliegen,
um die Neugier zu erwecken. Dann sind die wichtigsten Publi-
kationen anzuschaffen, und sie müssen rasch zur Ausleihe im
Regal stehen. Gerade in den großen wissenschaftlichen Bibliotheken ist der Amtsgang der Titelaufnahme viel zu lang, um
eine aktuelle Information zu gewährleisten. Dann gehören
auch die großen Nachschlagewerke in den Informationsbe-
reich. Da ich vor ausufernden Biographien gewarnt habe, empfehle ich um so nachdrücklicher das *Dictionary of Scientific
Biography* (1970–76), das sehr verständlich und doch auf
hohem Niveau die gesamte Naturwissenschaft behandelt.

Wissen möchten wir ja vieles. Oft sind die Texte kaum zugänglich. Jeder hat den Namen des Kopernikus gehört. Wir alle sind überzeugt, daß wir uns um die Sonne herum bewegen, was damals kaum einer glauben konnte. Es ging nicht nur um den Positionswechsel, sondern um den homogenen unbegrenzten Raum und eine neue Mechanik, die die aristotelische Physik ersetzt. Will jemand das berühmte Buch lesen, so weiß der Buchhändler kaum Rat. Und wenn es auch zum großen Teil für Mathematiker geschrieben ist und deshalb nicht leicht, so enthält es doch eine Einleitung über die Schönheit des Kosmos und die Herrlichkeit der Sonne und eine Darstellung seines Gedankens, die man sich nicht entgehen lassen sollte. Ältere Übersetzungen des (1543 lateinisch gedruckten) Buches gibt es: Das muß kommentiert und gedruckt werden!

Die beste knappe Darstellung der völligen Umwälzung des astronomischen Weltbildes gibt Alexandre Koyré, *Von der geschlossenen Welt zum unendlichen Universum* (als Taschenbuch). Sie beruht auf mehreren, noch nicht übersetzten Büchern, nur die Galilei-Studien liegen vor. Hier wird der Gedankengang erörtert, kommen die Autoren zu Wort. Wenn es um eine allgemeine Deutung geht, die von heute aus diese Revolution gegen den Wissenschaftsbetrieb darstellt (Th. Kuhn, P. Feyerabend), schlagen die Wellen hoch, aber die Grundlagen fehlen.

Der Betrieb ist heute so gefährlich wie im ausgehenden Mittelalter. Begeisterte und begabte Studenten wollen wissen, was die moderne Physik zu erkennen möglich gemacht hat, und werden mit öden formalen und technischen Übungen bestraft, die ein bedeutender Physiker »quite stultifying« nennt. Um dieser Verblödung entgegenzuwirken, hat Richard Feynman die erstaunlichen Wandlungen der Naturwissenschaft im 20. Jahrhundert in den *Feynman-Vorlesungen über Physik* (1965) dargestellt. Für Physiker auch in der Darstellung revolutionär, voller Schwung und Kritik, allerdings drei Bände (Mechanik, Elektromagnetismus und Struktur der Materie, Quantenmechanik), die es noch nicht in einer preiswerten Sonderausgabe gibt.

Eine wirkliche Vorlesung, jedes Kapitel klar und übersichtlich. Trotzdem hatte der Verfasser bei den Seminaren und Tutorien den Eindruck, daß doch nur etwa zehn Prozent – und das waren schon Physikstudenten – produktiv daraus Gewinn zogen. Das soll aber andere, die nicht in Formeln denken, nicht davon abhalten, sie zum Lesen und Nachschlagen zu benutzen. Bei den sogenannten populären Vorträgen, die etwa Max Planck gehalten hat, muß man berücksichtigen, daß er sie fünfzig Jahre nach seinen bedeutenden Entdeckungen hielt, um die Irritation der modernen Physik mit einem Kantianischen Weltbild und der Religion zu versöhnen. Einstein ist natürlich ein vorzüglicher Interpret seiner eigenen Entdeckungen, der auch Fassungen für Nichteingeweihte schrieb, aber nicht in der Breite des Spektrums methodisch einführt wie die *Feynman-Vorlesungen*.

Die Naturwissenschaft hat sich vom Bereich der Anschauung gelöst und phantastische Welten erschlossen. Darüber sollte man die Schriften älterer Zeit nicht vergessen, als in klassischer Prosa über die Natur, die sich dem Auge darbietet, berichtet und nachgedacht wurde. Alexander von Humboldt mit dem *Kosmos* und den *Ansichten der Natur*, auch eine so überraschende Schrift wie Karl Ernst von Baers, *Welche Auffassung der lebenden Natur ist die richtige?* (in der genannten Anthologie *Deutscher Geist*) verbindet reiche Empirie mit einer damals noch in der Luft liegenden philosophischen Spekulation.

Voller Entdeckungsgeist und systematischer Kraft sind die Schriften von Helmholtz, z. B. *Die Physiologie der Tonempfindungen*. Mit Goethes *Farbenlehre* haben es die Physiker, sofern sie nicht sehr avantgardistisch sind, schwerer als die Physiologen oder gar die Künstler, aber die *Materialien zu einer Geschichte der Farbenlehre* sind eines der besten Sachbücher, die je geschrieben wurden. Und Primo Levi hat sogar einen Roman der Chemie geschrieben, *Das periodische System* (1975).

»Lieb, Leid und Zeit und Ewigkeit«

Der Mensch ist sich selber unbekannt und ein Fremdling auf
Erden. Deshalb möchte man so gern etwas über sein Inneres
und über unsere kosmologische Herkunft wissen. Dazu hat
jede Kultur Mythen ersonnen, die der Griechen sind besonders
bildhaft ausgearbeitet und deshalb immer wieder neu entdeckt
worden, wenn man mit Experimenten, Berechnungen und
Hypothesen nicht so recht weiterkommt.

Gleich stapelweise liegen deshalb manchmal in den Buchhandlungen die Deutungen der Seele und des Kosmos, die ich
nicht zu empfehlen brauche. Ich fürchte auch, ihr Verfallsda-
tum liegt zu nah. Mythologie, ja, und die Kosmologie, die wir
bei den Vorsokratikern und in Platons *Timaios* haben,
sowieso. Jeder hat Phantasie und das Recht zu träumen, je küh-
ner desto besser, aber wenn der Kinderglauben an Mythologie
sich verloren hat, soll man ihn nicht durch Aberglauben an die
letzten Vermutungen, die sich als Wissen ausgeben, ersetzen.

Man weiß entsetzlich wenig, und die sicheren Fakten, aus
denen man auf den Big Bang schließt, erklären überhaupt
nicht, warum unser Universum so aussieht und wir in ihm möglich sind. Erst um die Mitte des 20. Jahrhunderts bestätigte es
sich, daß das Universum sich ausdehnt, daß es aus Helium (ein
Viertel) und Wasserstoff (fast drei Viertel) besteht und von
kurzwelliger Himmelsstrahlung durchflutet wird. Aus diesen
drei Fakten erschloß man (nach der Erfahrung mit den Explo-
sionen), daß Raum und Materie zugleich im ersten Bruchteil
einer Sekunde nach dem Big Bang vor etwa 15 Milliarden Jahren entstanden sind. Nur eines ist sicher: fast alles hätte ganz
anders kommen können. Wenn ich die Erörterung der Möglichkeiten in dem jüngsten Buch darüber, Sir Denys Wilkinson,
Our Universes, 1991, richtig verstanden habe, sind wir sehr
nahe an den Spekulationen über experimentelle und miß-
glückte Welten, die Diderot im *Brief über die Blinden* (1748)
ohne moderne Physik gewagt hat, und erkenntnistheoretisch
kommt in der Sicht ebendieses Buches der Bischof Berkeley zu
Ehren.

Wissenschaft ist nicht geheimnisvoll oder elitär, aber um in einer Wissenschaft voranzukommen oder gar diese Wissenschaft voranzubringen, sind doch besondere Talente oder die seltene Verbindung von mehreren nötig. Und meistens eine ausgezeichnete Lehre, vor deren Anforderungen doch viele zurückschrecken. So ist ein Mathematiker jemand, der aus bekannten Formeln bisher unbekannte ableitet. Ein Physiker ist unzufrieden mit bisherigen Modellen und versucht, die Widersprüche durch ein neues Modell zu reduzieren; manchmal verlagert er sie nur. Das kann völlig unprätentiös in konsequenter Arbeit ohne Publikum geschehen, wie bei Kopernikus. Andere lieben das Spiel mit dem Feuer und sind dazu vielleicht noch ein so glänzender Stilist wie Galilei.

Aber es muß noch etwas hinzukommen, um ein breiteres Publikum anzuziehen. Galileis wichtigste Schriften waren in keiner deutschen Buchhandlung zu finden, während Brechts Theaterstück über ihn zur Schullektüre gehört. So kommt man als Leser nicht aus der selbstverschuldeten Unmündigkeit heraus, die für Kant das Gegenteil von Aufklärung ist. Carl Friedrich Gauß hat die Grenzen der Mathematik erweitert, aber nicht die des lesenden Publikums. Den Mathematikern leuchten die Augen, sowie sein Name erwähnt wird. Leonhard Euler hatte zuvor die Algebra in *Briefen an eine Prinzessin* (1768–72) erläutert, ohne Voraussetzungen. Warum bitten Prinzessinnen so selten darum, daß einer seine Wissenschaft erklärt?

Wenn man genauer hinschaut, gibt es in den reinen und angewandten Naturwissenschaften sehr gut und klar geschriebene Bücher. Eine leichte Scheu vor dem Abstrakten ist manchmal zu überwinden, aber das lohnt doch. Henri Poincaré, *Wissenschaft und Hypothese* (1902), hat nicht an Wert verloren, Gaston Bachelard, *Die Bildung des wissenschaftlichen Geistes* (1938), kommt dem Leser sehr entgegen. Aber auch die klarsten mathematischen Aufsätze wie die von David Hilbert kommen nicht ganz ohne Formeln aus. Grundlagenerörterungen und philosophische Folgerungen sind ohne Formeln möglich und vorbildlich knapp und deutlich bei Gottlob Frege, *Begriff, Funktion, Bedeutung* (1891/92).

Andererseits sind die Urteile ebenso umstritten wie in den Geisteswissenschaften. Ernst Mach hat mit *Erkenntnis und Irrtum* (1904) ein bemerkenswertes Buch geschrieben, von dem viele andere zehren. Seine *Mechanik* aber hat Einstein gerühmt und Max Planck völlig verworfen. Auch hier gibt es natürlich Bücher, die man nicht liest, um den letzten Stand der Forschung zu erfahren, sondern einen ersten Schritt in eine neue Richtung dokumentiert zu finden. Das gilt für Darwins *Ursprung der Arten* (1859) wie für Karl von Frischs Studien über die Bienen und ihre Sprache. Über weiteres unterrichten die Zeitschriften.

Längst lernen die Kinder, daß Parallelen sich im Unendlichen schneiden. Ob sie dadurch glücklicher werden, ist noch nicht abzusehen. Aber vor kurzem waren erfahrene Männer noch tief beunruhigt über die umwälzende Erweiterung der klassischen Physik und die Inkonsistenz mathematischer Systeme. Inzwischen dringen das Gödelsche Theorem und ein bißchen Quantenmechanik mit Telespielen und Science-fiction in die Kinderzimmer. Und kleine Mädchen, die rechtzeitig *Alice im Wunderland* (1865) von dem Mathematiker Lewis Carroll gelesen haben, weisen lächelnd nach, daß die Frage, ob der liebe Gott würfelt, einfach falsch gestellt ist.

Und was wissen wir über uns selbst? Auch hier begegnen uns täglich neue Techniken und Hypothesen. Was man im allgemeinen über Krankheit und Gesundheit sagen kann, und daß der Kranke selbst etwas tun muß zu seiner Gesundung, hat Hippokrates gar nicht schlecht gesagt. Schmerz und Heilung sind sehr altertümlich geblieben, und wenn das Leben aufhört, so ist auch der Tod zu Ende.

Erfährt man eigentlich mehr über andere und über sich selbst, wenn man psychologische Bücher liest? Oder täuscht man sich methodisch? Medizinstudenten bemerken schon bei körperlichen Krankheiten, daß man ihre Symptome zu spüren glaubt, während man sie studiert. Sonst hätte man wohl auch kein Talent, sie zu heilen. Lesen wir aber populäre psychologische Bücher, so reduzieren wir unsere lieben Nächsten auf vorgefertigte Typen, und das können und sollen sie auch nicht verzeihen. Schlagen wir vor einer Entscheidung in einem der beliebten psychologischen Ratgeber nach, so machen wir gewiß alles falsch.

Im allgemeinen sind die großen Romanschriftsteller doch die besseren Menschenkenner. Und wenn man da etwas lernt, so nicht, um klug für ein andermal, sondern ein bißchen weise für immer zu werden. Unsere kleine Büchersammlung entlasten wir sehr, wenn wir die psychologische Fachliteratur denen überlassen, die sich beruflich damit beschäftigen und statt dessen die Bücher wählen, die auch Sigmund Freud am liebsten las (der natürlich zumindest in der Anthologie *Deutscher Geist* vertreten ist).

Ich kenne niemanden, der ein Leiden durch das Lesen psychologischer Schriften gelindert hätte. Oder dem seine seelische Verfassung dadurch klarer geworden wäre; aber jetzt wird sich hier und da Widerspruch erheben, der längst (psychologisch) kalkuliert ist.

Wörter, Wörter, Wörter

sagte Hamlet. Und gewiß haben wir es hier mit Wörtern zu tun, aber nie mit ihnen allein. Selbst in der Poesie rufen Klänge Vorstellungen hervor, die sich auf Dinge und Sachverhalte beziehen. Durch die Sprache hindurch nehmen wir die Welt wahr, und mit der Sprache ordnen wir unsere Vorstellungen. Wir sind ihr ziemlich ausgeliefert, systematisch, wie bei ökonomischem und politischem Handeln in dem Sinne, daß selbst die Verweigerung noch dazugehört.

Genau genommen spricht jeder Mensch seine eigene Sprache, und alle Menschen doch wiederum nur eine. Zwischen diesen beiden extremen Gesichtspunkten liegen die Sprachen der Völker und Nationen. Die Funktion einer grammatischen Form oder den Bedeutungswandel eines Wortes erkennen wir im Vergleich mehrerer Sprachen. Jede ist anders und stellt doch die Welt dar. Sprachvergleichung kannte die Antike nicht. Das ist eine Folge der Vielfalt unserer Sprachen, die sich

144 Wörter, Wörter, Wörter

mit den überlieferten klassischen und heiligen Texten und untereinander konfrontiert sehen. Kritische Philosophie und kosmopolitische Weltoffenheit wirkten zusammen. Am weitesten und theoretisch durchdringend hat Wilhelm von Humboldt dieses Spektrum von der einzelnen Form bis zum menschlichen Sprachbau bearbeitet: *Schriften zur Sprachphilosophie*.

Um das Verständnis dafür vorzubereiten, ist ein Überblick mit praktischen Beispielen hilfreich, wie ihn Johannes Wendt im Fischer-Lexikon *Sprachen* gegeben hat. Die mit Interlinearversion übersetzten Beispiele erläutern das Verfahren fremder Sprachen und zugleich die verfremdenden Möglichkeiten der eigenen Sprache. Seit Humboldt war die Konfrontation mit den wirklich verschieden gebauten Sprachen Bedingung für fruchtbare Arbeit, bei den amerikanischen Linguisten waren es die Sprachen der Indianer, bei den russischen die Innerasiens. Das Buch von E. Sapir/B.L. Whorf, *Die Sprache* (1954), hat dafür auch rückwirkend die Augen geöffnet, weil es die Fremdheit anderer Kategoriensysteme anschaulich machte. Der Aufbau der Sprache beim kindlichen Spracherwerb und der umgekehrt verlaufende (krankhafte) Sprachverlust werden sehr deutlich bei Roman Jakobson, *Aphasie und Kindersprache* (1941), so daß auch jeder, der mit Kindern zu tun hat, es mit Gewinn liest. Die Sprachwissenschaft hat als erste Humanwissenschaft versucht, sich auf ihren Grundlagen methodisch konsequent und systematisch aufzubauen und hat dadurch eine Zeitlang andere Wissenschaften sehr beeinflußt. Das eigentlich geniale Buch, das etwas im Schatten der vielerörterten Schriften von de Saussure, Bloomfield und Hjelmslev steht, scheinbar abstrakt, ist von Nikolai Trubetzkoy, *Grundzüge der Phonologie* (1939).

Linie und Farbe

Schluß mit den Wörtern. Wir wollen etwas anderes sehen und mehr noch als sehen. Um Statuen muß man herumgehen, wenn man sie schon nicht betasten darf, und durch Räume muß man schreiten, um sie wahrzunehmen. Und mit geschlossenen Augen läßt sich von all dem träumen, ohne Worte. Dann können wir uns fragen, ob wir die Dinge mögen, die wir dargestellt finden, oder die Kunst, die sie hervorbringt, oder die Vorstellungen, die beides in uns hervorruft, die Heiterkeit, besonnene Leidenschaft, sanfte Melancholie oder das wahrhaft Große, auch im kleinen Format? Vielleicht wollen wir das gar nicht trennen.

Jede öffentliche Bibliothek hat eine Abteilung Bildende Kunst. Kunstbände sind meistens schwer und oft auch teuer. Da muß man wählen. Kann man die drei besten Maler finden? Zwei Menschen mit einem Blick dafür haben es einmal versucht. Sie konnten sich rasch auf Jan van Eyck und Paul Cézanne verständigen, aber dann wurden sie nicht einig, ob sie den dritten Platz Paolo Uccello oder Piero della Francesca zuerkennen sollten. Ich hoffe, damit wird man nie fertig. Und manch anderer Maler sollte noch ins Gespräch kommen. Es gibt so verschiedene Aufgaben, jeder löst seine, ganz anders. So entsteht Stil.

Die Kunstkritik zu erfinden, war Diderots persönliche Leistung in den *Salons*, den Besprechungen der zweijährlichen Pariser Ausstellungen, für wenige auswärtige Leser, so daß kein Künstler es lesen konnte. Und Diderot tat, was ein Musiker macht, wenn er Kompositionen verschiedener Autoren aufführt. Er muß das Tempo, die Stimmung und den Ausdruck begreifen und vorführen. Dazu muß man das Metier kennen, in die Ateliers gehen, mit den Künstlern sprechen. Die Malerei hat seit der Renaissance den Raum und das Licht erobert und unser Bild vom Menschen geschaffen. Viele Künstler haben selbst über ihre Kunst nachgedacht und geschrieben: Leonardo, Dürer, Poussin, Cézanne und Matisse, andere haben nur gemalt.

Bei Büchern können wir das Original (notfalls die Übersetzung) selbst erwerben. Die Originale der Bilder, die wir lieben, sind über die großen Museen der Welt verteilt. Man muß reisen und dort für sie Zeit haben, um sie kennenzulernen. Abbildungen sind ein bescheidener Ersatz. Ihnen fehlt weniger die berühmte Aura der Einmaligkeit, als die schlichte Sinnlichkeit und Stofflichkeit. Über die technische Qualität der Reproduktionsverfahren darf man sich keiner Täuschung hingeben. Man bekommt eine Erinnerungshilfe, man kann Werke vergleichen, die weit voneinander ihren Platz haben.

Gibt es unanständige Themen?

Wenn ich nach einer wirklichen Einführung in die Kunst suche, die nicht nur Stilgeschichte ist oder die Entwicklung der Kunst nach äußeren Gegebenheiten verfolgt, so möchte ich Kenneth Clark, *Das Nackte in der Kunst* (1955), empfehlen. Wenn das aber nun die Schülerin einer konfessionellen Schule in Niederbayern – und für die schreibe ich ja auch diese Empfehlung – auf ihren Wunschzettel setzt, könnte das Mißverständnisse erregen. Nun ist ausgerechnet Kenneth Clark einer der seriösesten Kunsthistoriker, zum Lord erhoben wegen seiner Verdienste um die Forschung wie um die Öffentlichkeit. Und viele der Abbildungen finden sich auch in einem unverdächtigen Buch wie Heinrich Wölfflins *Kunstgeschichtlichen Grundbegriffen* (1888), die für den Anfänger zu abstrakt sind.

Kenneth Clark will nicht die ganze Kunst erklären und auch nicht ihr Wesen oder ihren Weg zur Gegenstandslosigkeit. Er wählt ein Thema, das Künstler und Menschen beschäftigt, seit Kunst betrieben wird, und es ist gar nicht das Nackte (engl. naked), sondern *The Nude*, das, was die Kunst an Lebendigkeit und Schönheit schafft und was es in der Wirklichkeit nicht gibt. Es gelingt auch nur selten, und ganze Jahrhunderte gar nicht. Und es verbindet sich mit der Religion. Es bedarf unserer Sinnlichkeit und steigert sie. Es kann häßlich sein und doch verklärt werden, es kann Leidenschaft, Energie und Ekstase zum Ideal erheben.

Von einer Motivstudie durch die Epochen hin öffnen sich viele Wege zu künstlerischen Techniken, zu thematischen Zusammenhängen, zu Schulen und Werkstätten, zur Überlieferung von Bildtraditionen, zu detaillierten Stilstudien. Zu jedem Thema kann man Bilder sammeln, ein paar Monographien um sich haben wollen. Man lernt sehen, man kann es nicht auf einmal. Man entwickelt einen Blick, aus Nähe und Distanz, und man wird mit Bildern vertraut wie mit Menschen. Dann erfaßt man sie auch und kann sie beurteilen, während andere fremd bleiben.

Es gibt Künstler, Kenner und Wissenschaftler, die sich zu Bildern äußern. Künstler, die nicht selbst malen, wie Diderot, *Die Salons* (bisher stückweise übersetzt in *Ästhetische Schriften*), Baudelaire, *Schriften zur Kunst*, und Valéry, *Tanz, Zeichnung und Degas*. Künstler, die über ihre Kunst schreiben, wie Leonardo, *Traktat über die Malerei* (aus Aufzeichnungen posthum redigiert), Cézanne, *Gespräche über die Kunst*, Matisse, *Schriften zur Kunst*.

Kennerschaft hat man oder man hat sie nicht, sie wird selten schriftlich mitgeteilt. Aber Max J. Friedländer, *Van Eyck bis Bruegel* (1916, Neuausgabe 1990) oder *Von Kunst und Kennerschaft* (1955), versteht es, sie ganz nüchtern und diskret zu äußern. Den Blick für große Zusammenhänge öffnet Aby Warburg, *Gesammelte Schriften* (1980). Er hat das Fortleben antiker Kunst im Mittelalter und die Wiederaufnahme der antiken Formeln leidenschaftlicher Darstellung (»Pathos-Formeln«) studiert. Wenn wir an Studien über das Gesamtwerk eines Künstlers denken, greift jeder zu der Monographie über seinen Lieblingsmaler. Wenn ich eine empfehlen soll, bei der man nicht den Text zu den Bildern in Kauf nimmt, sondern worin ein vielfältiges Lebenswerk unvergleichlich durchdacht und klug erläutert wird, dann Erwin Panofsky, *Dürer* (1940, dt. Übers. 1980). Und möchte man wie in einem Gespräch über Kunst nachdenken, in einem Gespräch voller Einfälle, die in einem Buch Anmerkungen werden, so nenne ich Edgar Wind, *Kunst und Anarchie* (1963).

Bisher habe ich, einem schlechten Vorurteil folgend, bei Kunst vor allem von Bildern gesprochen. Die Kunst beginnt aber, indem sie Räume schafft, aushöhlt, baut oder wölbt. Und aus Bauten werden Städte oder sollten es doch werden. Bilder werden, wenn sie sich nicht bewähren, im Magazin gelagert. Bauten werden meist nur aus kommerziellen Gründen gesprengt, und nicht dann, wenn sie die guten Sitten verletzen. Eine Stadt als Organismus von Menschen zu begreifen, die das Recht haben, zu atmen und sich auf Straßen und Plätzen frei zu bewegen, und danach die Prioritäten des Städtebaus setzen – das ist Zukunftsmusik. Und wenn wir sehen, was so um uns herum gebaut wird und wie die Architekten das zu rechtfertigen versuchen, wie schnell oft Schäden und Unzuträglichkeiten der Benutzung auftreten, dann steigert das unser Vertrauen in diese Kunst nicht sehr.

Wer heute eine Reise macht und einen guten Reiseführer mitnimmt, erfährt sehr viel über alte und neue Architektur, im Detail fachmännisch erläutert. Weil dabei der Zusammenhang nicht immer deutlich wird, ist hier an eine allgemeine, gut mit Bildern dokumentierte Geschichte zu denken, Nikolaus Pevsner, *Europäische Architektur* (1973). Eine gut begründete und doch ganz persönliche Deutung der Architektur hat Sigfried Giedion geschrieben: *Raum, Zeit und Architektur* (1965); ich halte sie für die beste Einführung, um die Bauten Roms, die technischen vor allem, zu verstehen. Giedion hat einzigartig seine Auffassung der Geschichte mit der Kenntnis des technischen Wandels, der sich im Detail vollzieht, verbunden, und so ist eines der besten Bücher über unser Alltagsleben entstanden, *Die Herrschaft der Mechanisierung* (1982).

Wenn die Musik der Liebe Nahrung ist ...

...spielt immerfort! Zu einer Büchersammlung oder doch gleich daneben gehören die Tondokumente. Auch da fängt ja niemand an, man hat dies und jenes, hat bei anderen etwas gehört oder vom Radio auf Band geschnitten oder es zu tun vergessen ... kurz, hier beschäftigt uns der Augenblick, in dem jemand Folge, Übersicht und Zusammenhang schaffen will. Denn daß man Lust hat, etwas zu hören, was einem gefällt, geht ja sonst niemanden etwas an.

Die Entwicklung der Musik in Tondokumenten zu verfolgen, wäre eine neue Aufgabe. Hundert mehr oder weniger klassische Bücher, das scheint erst mal ganz schön viel zu sein. Man muß jedes einzeln lesen. Schallplatten legt man mal so eben auf, da würden, wenn man auf die verflixte 100 starrt, die Fans doch nur müde lächeln. Was kommt nicht fast täglich Neues und öfter ziemlich Gutes aus der aktuellen, der Ethnomusik, Ausgrabungen aus der alten Musik, um gar nicht an das klassische Repertoire zu denken. Da gibt es glänzende alte Aufnahmen, technisch erneuert, die unersetzbar sind, und neue, die an der gleichen Musik etwas ganz anderes entdecken. Da braucht man mehrere zum Vergleich. Und da ein anständiger Komponist im 19. Jahrhundert neun Symphonien schrieb, im 18. zwar kürzere, aber sehr viel mehr, so wäre die Versuchung, gleich in dicken Kassetten und Gesamtaufnahmen zu zählen, sehr groß, und die vertrüge sich nicht immer mit dem unbestechlichen Blick auf die Qualität. Aber hier sind wir auch an den Grenzen dessen, was ein Buch leisten kann und soll. Schallplattenkritik gehört vor allem ins Radio, und da zählen nicht die hübschen Formulierungen, sondern Tonbeispiele.

Der Weg zur Vollkommenheit ist schwer und weit. Musiker wissen, daß dazu nicht nur Fertigkeiten gehören, sondern Kopf und Herz. Und wenn man es nicht gleich merkt, daß sie fehlen, am Ende kommt es doch heraus. Und dann hilft aller Ruhm nichts. Aber das ist bei Poesie und bildender Kunst nicht anders. Und da ich hier nicht 100 Aufnahmen oder Werke oder Komponisten empfehle, möchte ich auf einen Unterschied verweisen.

Wir hören heute, sogar bei der bekanntesten klassischen Musik, andere Werke als früher. Nach dem Auftreten von Liszt und Chopin galten etwa Mozarts Klavierkonzerte als Übungsstücke für begabte Kinder, aber nicht als Musik für den Konzertsaal. Oder Beethovens späte Quartette galten als schwierig und ungefällig. Und Schuberts große C-Dur-Symphonie war dem Wiener Publikum viel zu lang (kaum 45 Minuten); als man sie endlich lange nach seinem Tod aufführte, unterbrach man sie durch eine Konzertarie...

Die modernen Künstler haben uns den Blick für die Kunst fremder Kulturen geöffnet. Ein Völkerkunde-Museum ist keine Kolonialausstellung oder Spezialsammlung für Ethnologen, Menschen mit offenen Augen machen dort täglich Entdeckungen, und das Fremde bleibt nicht fremd. Trotzdem ist nicht alles gleich oder möglich. Kunstwerke errichten unter sich eine Rangordnung, und nach und nach merkt man das. Es hängt von der gestellten Aufgabe ab. Es gibt Künstler der Linie und Künstler der Farbe, Maler des Lichts und Maler der Form, der durchsonnten Landschaft oder der plastischen Menschengestalt... Kenneth Clark zitiert einen Seufzer Diderots: »Tausend Maler starben, ohne das Fleisch gefühlt zu haben« (Fleisch und Fleischfarbe sagen die Maler, wenn sie den Körper meinen), und tausend, seufzt Clark, fühlten es, konnten es aber nicht darstellen...

In der Musik ist es ähnlich. Unserer augenblicklichen Stimmung entsprechen ganz und vollkommen, in dem geringen Maße dessen, was wir uns gerade vorstellen können, nur wenige Werke. Es werden Entdeckungen gemacht, Altes und Fremdes wird neu und vertraut, Neues muß so vertraut werden wie das Alte. Es gibt Stücke, die klingen so, als kennten wir sie schon immer. In anderen entdecken wir uns selbst (und nicht die Musikgeschichte), und wieder in anderen finden wir die vollkommene gesteigerte und bewußte Sinnlichkeit, die wir einmal darin fühlten, nicht wieder. Sind wir unempfänglich oder einfach reifer geworden?

In der Literatur hängt diese Entdeckerfreude, soweit es nicht die Schriftsteller unserer eigenen Sprache betrifft, sehr vom

Übersetzen ab. Bei Musik und bildender Kunst kann man unmittelbar urteilen oder ebenso durch Erfahrung und Kenntnis vermittelt wie bei älterer Musik. Denn niemand lebt ja heute in der Welt von Johann Sebastian Bach oder in der Welt des Belcanto.

Und das gilt auch umgekehrt. Wir tragen in das Fremde unsere Vorstellungen hinein, sogar wenn wir es im Original lesen. Bei uns selbst merken wir das weniger. So frappierte mich einmal das Urteil eines chinesischen Germanisten, der unter den zwei oder drei für ihn wichtigsten Werken der deutschen Literatur Storms Erzählung *Immensee* nannte. Ich las sie nach längerer Zeit noch einmal und fand nicht, daß sie so außerordentlich sei, daß sie aber genau wie eine chinesische Tuschzeichnung gearbeitet ist, deren feine Figuren fast unmerklich im Dunst verschwinden.

Was liest man zum Hören?

Auch hier haben die öffentlichen Bibliotheken eine bedeutende Aufgabe, und die kleinen in jeder Stadt ganz besonders. Denn vor allem da, wo kein regelmäßiges Konzertangebot in vielen Gattungen zu finden ist, müssen sie auch die musikalische Kultur pflegen. Und die großen Handbücher und Nachschlagewerke, die das private Budget übersteigen, gehören dahin, neben dem *Riemann* das *Groves Dictionary of Music*. Ebenso die Musikgeschichten und die sachkundigen Einführungen, denn die veralten auch wieder rascher.

Und dann das Wichtigste. Das Textbuch einer Oper oder eines Konzertstückes ist die Partitur. Sie sollte gleich neben den Tondokumenten stehen. In der öffentlichen Bibliothek auf jeden Fall, aber auch eine private kleinere Sammlung sollte so etwas haben. Was man liebt, lernt man nämlich auch lesen. Sogar Partituren bei bescheidener musikalischer Ausbildung im Technischen.

Wenn es um Bücher geht, haben die Künstler das Wort. So war Schumann ein leidenschaftlicher Musikschriftsteller und

Debussy sogar ein amüsanter. Berlioz hat neben dem *Handbuch der Instrumentierung* auch abenteuerliche *Memoiren* verfaßt. Und Schönberg schrieb außer der *Harmonielehre* bedeutende Aufsätze zur Musikästhetik; aus dem Buch *Stil und Gedanke* (1950) spricht ein ganz anderer Geist, als die Leser nach der Lektüre von Thomas Manns *Doktor Faustus* es vermuten können. Auch Interpreten teilen ihre Erfahrung mit, Bruno Walter, *Von der Musik und vom Musizieren* (1957), Fritz Busch, *Aus dem Leben eines Musikers* (1949), Glenn Gould, *Schriften zur Musik* (1984).

Durch das Veröffentlichen der Briefwechsel reden die Komponisten selbst, statt daß sich Biographen vor sie drängen. In der Regel sind es Lebensspuren, seltener Briefliteratur oder musikalische Gedanken, was man dort findet. Aber Monteverdi oder Haydn treten damit neben die beliebten Briefe Mozarts. Und auch die liest man seines Werkes wegen. Da sagt er, was er zu sagen hat, und seine wunderbare dramatische Menschenkenntnis, die er als Komponist erweist, wäre aus den Briefen nicht zu erschließen. Kierkegaard hat diese Stadien der Liebe in verschiedenen Gestalten gerühmt (*Über das Musikalisch-Erotische*, in Mozart, *Don Giovanni*, 1989, Insel Taschenbuch).

Die neue Musik ist älter geworden, die einmal sehr darum kämpfen mußte, durch gute Aufführungen dem Ohr vertraut zu werden. Heute spielen ausgezeichnete Jugendorchester freiwillig und vor großem Publikum Gustav Mahler und Anton Webern, vor denen sich früher die Orchester drückten. Alban Bergs Opern und Kammermusik feiern Triumphe, weil die Schönheit des Schweren offenkundig geworden ist. Von den Kontroversen zeugen Adornos musikalische Schriften, die ich nicht eigens empfehlen muß.

Was alles geht in Bücher hinein?

Außer den Büchern zum Lesen gibt es die zum Nachschlagen. Und dabei wiederum die für den Arbeitsplatz und die für die großen Bibliotheken. Ein ordentlich sparsamer Puritaner z. B. ging in die Leihbibliothek (die kleine um die Ecke, längst verblichen, an deren Stelle jetzt Videotheken sprießen), um Lektüre zu besorgen, und begnügte sich mit der Anschaffung von Websters Wörterbuch, Whitakers Almanach und dem Eisenbahn-Kursbuch. Und wer wäre schon bis an den Grund dieses unerschöpflichen Reichtums gedrungen? Ein gutes Wörterbuch allein enthält fast alle Wörter und definiert sie noch dazu. Die Anspruchsvolleren hatten neben dem Wörterbuch die *Encyclopaedia Britannica* zur Hand und das *Who's who.*

Die Faszination dieser Bücher besteht darin, daß sie alles enthalten, alle Wörter, alles Wissenswerte, alle wichtigen Persönlichkeiten. Deshalb ist es so wichtig, diese Gattung von Büchern einmal kennenzulernen, und auch das kann man nur in öffentlichen Bibliotheken, wo viele von ihnen nebeneinanderstehen. Sucht man wirklich mal etwas, so steht es natürlich in keinem Lexikon, in keiner Enzyklopädie. Die erziehen umgekehrt den Leser dazu, das viele, das sie bieten, für alles zu halten, und ihre Auswahl für die richtige.

Da hilft nur das Vergleichen, von Personen, Begriffen und Sachen. Wir denken hier an Bibliotheken, und da kann man nachschlagen, erst die deutschen, dann englisch ›Library‹ und vielleicht, weil dort die Bilder so besonders schön sind, italienisch ›Biblioteca‹. Wirklich scheinen für Italiener die herrlichen Säle und Hallen alter Bibliotheken das Wichtigste zu sein. Nirgendwo wird so solide, umfassend und verständlich über Bibliotheken gehandelt wie im Artikel ›Library‹ der älteren Ausgabe der *Encyclopedia Britannica* (1969). Da kommt die neue Ausgabe nicht mit, um von den deutschen gar nicht zu reden. Aber schlagen wir in der älteren Ausgabe ›Mittelalter‹ (Middle Ages) nach, so wird uns nur die Entstehung des Begriffes erläutert, während die neue einen großen Überblick mit Karten und Tabellen liefert.

Nichts ist so schön zum Blättern wie die alten *Brockhaus* und
Meyer vom Ende des 19. Jahrhunderts, die Natur und Technik
mit der historischen Information verbinden. Aber in ihnen
fehlt schon wiederum viel von persönlichen Einzelheiten und
den anschaulichen kleinen Essays, die es um die Mitte des
19. Jahrhunderts gab. Sie erschließen für uns eine vergangene
Welt, auch wenn man deshalb nicht gleich, wie Arno Schmidt,
alle Bände von Pierers Lexikon von vorn bis hinten lesen muß.

Wer regelmäßig in Bibliotheken kommt oder, wie Studenten
vor allem, öfter umzieht, beschwert sich nicht mit vielbändigen
Ausgaben. Und vor allem deshalb, weil ihm eine nicht genügt,
weil das Blättern und Vergleichen Aufschlüsse bringt. Anders
steht es mit den Wörterbüchern. Da braucht man, vom *Duden*
abgesehen, für die vertrauten Fremdsprachen etwas wirklich
Gutes. Und da soll man sich nicht mit dem kleinen zweisprachigen Schulwörterbuch begnügen, in dem man mal eben ein
unbekanntes Wort nachschlägt.

Eine Sprache lernt man, neben der Lektüre und dem Auslandsaufenthalt, durch den Umgang mit den Wörterbüchern,
in denen diese Sprache sich selbst erläutert. Jede Sprache hat
eine Definitionskultur, jede setzt die Bedeutungsunterschiede
anders und orientiert sich zwischen Neben- und Gegenbegrif-
fen eines Wortes. In der einen Sprache gibt man Beispiele, in
der anderen zitiert man aus der Literatur. Auch hier überlassen
wir die mehrbändigen den öffentlichen Bibliotheken und den
Fachleuten. Aber kein anderes Buch bietet zwischen zwei Dek-
keln so viel wie die größeren einbändigen Wörterbücher.

Für das Englische ist es das *The Shorter Oxford Dictionary*
(1960) und für das Französische *Le Petit Robert* (1976), die
auch von deutschen Lexikonverlagen bei uns vertreten werden.
Kompakt, solide gebunden, gut lesbar breiten sie die Fülle
einer lebenden Sprache in ihrer Entwicklung und Differenzie-
rung aus. Da man sie ja neben Büchern und Manuskripten auf
den sehr begrenzten Schreibtischflächen benutzt, ist es so wichtig, daß sie alles doch in einem Band enthalten. Im Deutschen
gibt es zwischen dem ausufernden Wörterbuch der Brüder
Grimm und dem simplen *Duden* immer noch kein vernünftiges

Zwischenstück. Die beiden genannten Wörterbücher sind, wie die bescheidenen Namen andeuten, Redaktionsergebnisse für die Praxis aus den großen vielbändigen Werken gleichen Namens.

Grenzüberschreitungen

Schon bei den Bildern stießen wir auf das Problem, daß sie eigentlich nicht in Bücher passen. Dafür gibt es auch Druckgraphik, Holzschnitte, Kupferstiche, Lithographien, mit denen man Bücher illustrierte, ehe es die modernen Drucktechniken gab. Mit der Plastik und Architektur ist es noch schwieriger, denn sie widersetzen sich der Abbildung in der Fläche, und die Photographie steht nur dann in einem glücklichen Verhältnis zum Buch, wenn sie selbst, die gelungene Aufnahme, im Mittelpunkt steht.

Jedes Material schafft sich seine Bildtechniken. Das farbig bemalte Relief in ägyptischen Gräbern hat ganz andere Darstellungsformen als die bunten gotischen Glasfenster oder die Freskomalereien auf dem frischen Verputz, der mit der Farbe trocknet und ihr so Leuchtkraft gibt. Der Holzschnitt und später der Holzstich, mit dem man zunächst Photographien umsetzte, ließen sich mit den Bleilettern des Textes zusammen drucken, während der Kupferstich im Tiefdruck ein anderes Druckverfahren verlangte.

Aber immer wieder versuchte man, dem Bild Eingang in das Buch zu verschaffen, nicht nur als Illustration, sondern damit es selbst sage, was es zu sagen hat. Nach den unterschiedlichsten Versuchen mit Holzschnittbüchern und Kupferstichfolgen hat endlich Rodolphe Toepffer in Genf 1825 die moderne Bildergeschichte erfunden, *Les Voyages en zig-zag*, und Goethe fand das großartig. Leider war er schon zu alt, um sich auf das neue Medium zu stürzen, und überließ es jüngeren wie Wilhelm Busch, der 1860 *Max und Moritz* schuf und alle Seligkeiten und Ängste der deutschen Seele in Bildergeschichten beschwor.

Dann kam erst einmal lange nichts, bis Frankreich und die
USA am Fin de siècle folgten, aber die Mickey-Mouse erblickte
erst nach den Romanen der verlorenen Generation und dem
großen Krach das Licht der Welt (1930). Der Comic-strip
gewinnt Macht, wie früher die Romane in Fortsetzungen, um
die Leser an ihre Zeitungen zu binden. In Frankreich ist die
»Bande dessinée« mit jährlich 500 Bänden mehr ein Buchereig-
nis und getrennt nach Kindern und Erwachsenen als Ziel-
gruppe. Asterix vereinigt beide Altersgruppen und schafft
nationale Identität. Die Vereinigten Staaten nehmen mit
Frankreich (und Belgien) die führenden Rollen ein, während
die anderen zuschauen.

Aber das Medium übt auch seine Gewalt aus und läßt uns an
Grenzen stoßen. Der Bildband ersetzt die Gemälde nicht, und
er hat ja auch den Besuch der Museen nicht verringert, sondern
vervielfacht. Das Tondokument bietet nicht den Eigenklang
der Instrumente, und nicht den Anlaß, die festliche Gegenwart, die gespannte Erwartung. Und das gilt ebenso für Filme,
obwohl sich das bewegte Bild weniger durch die Eigenart als
durch die Ausdehnung unterscheidet.

Der Film z. B. kann sichtbar machen, wie Schriftsteller schon
immer mit der Zeit umgingen, wenn sie sie raffen oder dehnen,
durch Schnitte entfernte Zeitpunkte verbinden oder den
Schauplatz wechseln. Und das wirkt seit längerer Zeit zurück
auf die Romantechnik. Die Musik oder der Film, die sich überall und immer wieder abspielen lassen, schaffen wie die Lektüre
eine eigene Zeit und heben uns so lange aus der allgemeinen
Zeit heraus, bis sie uns zu ihr zurückführen. Um noch einmal
ins Kinderzimmer zu schauen, so hat die Bildwelten des Films,
wie mir scheint, kein anderer so mit den Möglichkeiten des
Buches vereint wie Maurice Sendak, *Wo die wilden Kerle woh-
nen* (1961). Wände weichen zurück, fremde Welten öffnen sich,
und wenn man sich ausgetobt hat, findet man ganz von selbst zu
sich zurück. So werden Märchen und Erzählungen, aber auch
musikalische Werke komponiert.

Das Buch hat gewonnen, als sich die Poesie von der aus-
schließlichen Bindung an den öffentlichen Vortrag und an die

Aufführung des Dramas befreite. Das Buch hat sich den individuellen Leser geschaffen. Es war nicht selbstverständlich, daß
man einhalten, nachdenken, zurückblättern und noch einmal
lesen kann. Aber jetzt gehört es zu unserer Natur, und freie
Menschen bestehen darauf. Wir lesen nicht im Chor, und wir
blättern weiter oder zurück, wenn es uns gefällt. Es war auch
nicht selbstverständlich, daß jeder das Recht hat, lesen zu lernen. Und jetzt kann man etwas damit anfangen. Auch wenn wir
gerade nicht lesen, so könnten wir es doch tun, wann und wo
und wie wir wollen. Und vor allem, was wir wollen.

Deshalb, um dieser herrlichen Freiheit willen, habe ich für
Leserinnen und für Leser dieses Buch geschrieben.

Herzog August in seiner Bibliothek, 1650

Klaus Wagenbach
Wie lernt man Land, Leute und Sprache kennen?

Dem ›langen Ringen im Verlagskontor‹ (siehe Seite 105) sei
hier eine Liste für *ganz junge Leser* nachgeschickt, die etwas
über die deutsche Sprache und ihre Möglichkeiten (in der Zir-
kuskuppel hängen da die Artisten Kleist, Büchner, Kafka),
über deutsche Tugenden und Untugenden und über die deutschen Verhältnisse allgemein erfahren möchten, wobei ich mich
auf die letzten drei Jahrhunderte und auf weniger umfangrei-
che Texte beschränke und bekenne, daß auch diese Liste nach
längerem Ringen im Verlagskontor entstand.

Achtzehntes Jahrhundert
Drei deutsche Charaktere in der Reihenfolge ihres Auftretens:
Faust (in der Urfassung, Johann Wolfgang von Goethe);
Nathan der Weise (Gotthold Ephraim Lessing); *Die Räuber*
(Friedrich Schiller).
Zu deutschen Zuständen: Friedrich Hölderlin, *Hyperion*
Neunzehntes Jahrhundert
Fünf deutsche Charaktere in der Reihenfolge ihres Auftretens:
Michael Kohlhaas (Heinrich von Kleist); *Aus dem Leben eines
Taugenichts* (Joseph von Eichendorff); *Woyzeck* (Georg Büch-
ner); *Also sprach Zarathustra* (Friedrich Nietzsche); *Der
Schimmelreiter* (Theodor Storm).
Deutsche Zustände (in der Reihenfolge ihres Auftretens):
Kinder- und Hausmärchen, herausgegeben von Jacob und
Wilhelm Grimm (Urfassung); Bettina von Arnim, *Die Sokratie
der Frau Rat* (aus *Dies Buch gehört dem König*); Heinrich
Heine, *Deutschland. Ein Wintermärchen*; Karl Marx/Friedrich
Engels, *Das kommunistische Manifest*.
Zwanzigstes Jahrhundert
Dreizehn Bücher (in der Reihenfolge ihres Auftretens resp.
ihres Gegenstandes): Peter Rühmkorf (Hg.), *131 expressioni-
stische Gedichte* (mit Kommentaren); Heinrich Mann, *Der
Untertan*; Arnold Zweig, *Erziehung vor Verdun*; Franz Kafka,
Bericht für eine Akademie; Alfred Döblin, *Berlin Alexander-*

platz; Kurt Tucholsky, *Panter, Tiger & Co.*; Stephan Hermlin, *Abendlicht*; Arno Schmidt, *Die Gelehrtenrepublik*; Ilse Aichinger, *Spiegelgeschichte*; Günter Grass, *Katz und Maus*; Heinrich Böll, *Die verlorene Ehre der Katharina Blum*; Alfred Andersch, *Der Vater eines Mörders*; Christoph Hein, *Der Tangospieler*.

Drei Essays zu literarischen Gegenständen: Hugo von Hofmannsthal, *Brief des Lord Chandos*; Sigmund Freud, *Das Unheimliche*; Walter Benjamin, *Das Kunstwerk im Zeitalter seiner technischen Reproduzierbarkeit*.

Deutsche Zustände: Hannah Arendt, *Eichmann in Jerusalem*; Klaus Wagenbach u. a. (Hg.), *Vaterland, Muttersprache. Deutsche Schriftsteller und ihr Staat*.

Neun Gedichte in und nach der Emigration: Bertolt Brecht, *An die Nachgeborenen*; Gottfried Benn, *Einsamer nie –*; Paul Celan, *Todesfuge*; Günter Eich, *Wacht auf*; Hans Magnus Enzensberger, *Landessprache*; Ingeborg Bachmann, *Freies Geleit*; Peter Rühmkorf, *Variation auf ›Gesang des Deutschen‹ von Hölderlin*; Johannes Bobrowski, *Nachtfischer*; Erich Fried, *Nachwissen?*

Wer auf ähnliche Empfehlungen mit Neugier, Heiterkeit oder Ärger zurückblicken möchte, der sei auf drei Versuche hingewiesen: Hermann Hesse, *Eine Bibliothek der Weltliteratur* (1929, Reclam); die Reihe ›Exempla Classica‹, die 1960–63 in der Fischer Bücherei erschien; die *›Zeit‹-Bibliothek der 100 Bücher* (1980, Suhrkamp).

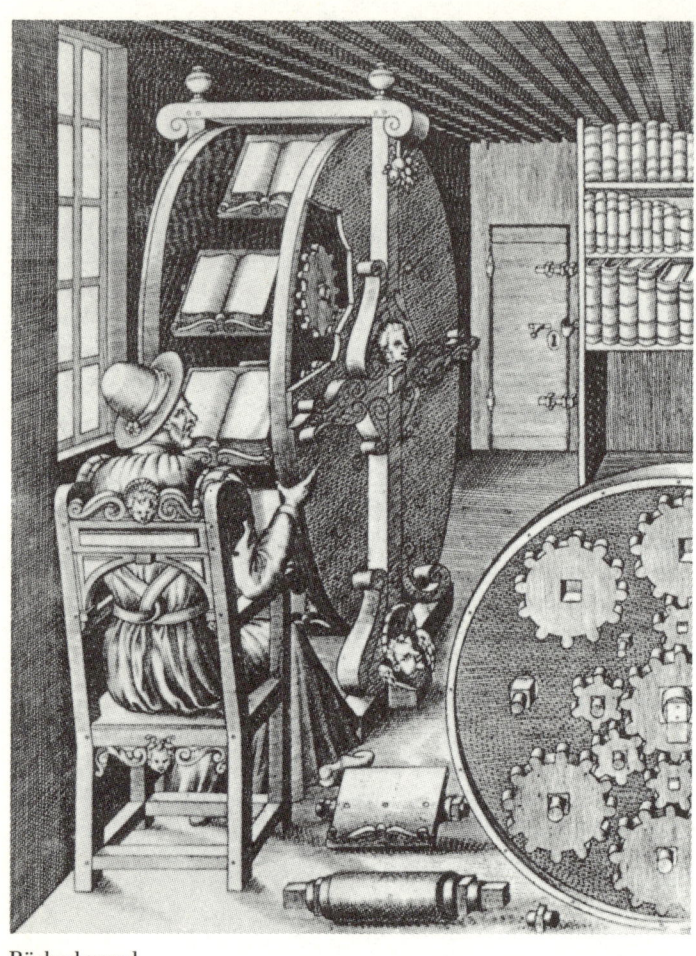

Bücherleserad,
aus Agostino Ramellis *Le diverse et artificiose machine*, Paris 1558

Register

HORST GÜNTHER,
geboren 1945, lehrt Philosophie in Berlin und forscht an der Maison des Sciences de l'Homme in Paris.
Er schreibt, übersetzt und gibt Bücher heraus – zuletzt erschien von ihm *Versuche, europäisch zu denken* (1990).

Lesen Sie weiter:

Deutsche Orte
Zweiunddreißig nationale ›Gedächtnisorte‹, besucht und beschrieben
von deutschen Autoren der letzten dreißig Jahre.
Herausgegeben von Klaus Wagenbach
SVLTO. Rotes Leinen. 96 Seiten

Die Schriftsteller und die Weimarer Republik
Ein Lesebuch über das Verhältnis von Macht und Geist in der Weimarer
Republik: die wichtigsten Manifeste, Reden und politischen Erklärungen
der Schriftsteller.
Herausgegeben von Stephan Reinhardt
WaT 208. 256 Seiten

Jean-Paul Sartre
Brüderlichkeit und Gewalt
Der letzte große Text des großen politischen Denkers: Über die Zukunft
der Brüderlichkeit und Auswege aus der Gewalt.
Mit einem Essay von Lothar Baier
WaT 219. 96 Seiten

Luigi Pintor
Servabo. Erinnerungen am Ende des Jahrhunderts
Die radikale, sensible Kürze, mit der hier ein Leben erzählt wird, erklärt
sich aus der Beschränkung auf die prägenden Ereignisse: Widerstand,
Liebe, Streit, Angst, Schmerz, der Traum von einer anderen Gesellschaft.
Quart*buch*. Schwarzes Leinen. 120 Seiten

Kopfnuß
Jahrbuch für deutsche Essays 1993
Die wichtigsten Essays aus einem Jahr, die als Kopfnüsse gelten können –
sie stoßen den Kopf an und geben ihm etwas zu knacken.
Herausgegeben von Heinrich v. Berenberg und Klaus Wagenbach
Originalausgabe. WaT 224. 192 Seiten

Lothar Baier
Volk ohne Zeit
Essay über das eilige Vaterland
Dieser Band ist eine streitbare Bestandsaufnahme zur Lage einer
rasenden Nation.
WaT 182. 128 Seiten

Deutsche Literatur der Nachkriegszeit
1945 –1959. Ein Lesebuch
Wer wissen will, wie sich die heutige deutsche Literatur entwickelt hat, auf
welch unsicherem Boden und gegen welche Widerstände, in welchen Formen und warum in zwei Staaten – dem sei dieses Lesebuch empfohlen.
Herausgegeben von Klaus Wagenbach
WaT 222. 232 Seiten

Die sexuelle Gewalt in der Geschichte
Mit diesem Band stellt Corbin ein zentrales Stück Mentalitätengeschichte
vor, den Mißbrauch des Körpers. Sechs europäische und amerikanische
Wissenschaftlerinnen und Wissenschaftler protraitieren sechs entschei-
dende Phasen vom Mittelalter bis heute und verdeutlichen die Grund-
lagen sexueller Gewalt.
Herausgegeben von Alain Corbin
WaT 216. 160 Seiten

Tilmann Buddensieg
Berliner Labyrinth
Preußische Raster von Schinkel bis zum Reichstag
Ein historisch weitsichtiger Beitrag zur Hauptstadtdiskussion: Warum in
Berlin alles Neue auf Altem steht, also auch über Traufhöhen hinaus
gedacht werden muß.
KKB 43. 144 Seiten

Wenn Sie mehr über unsere Bücher wissen wollen, dann schreiben Sie uns eine
Postkarte. Wir schicken Ihnen gerne unseren jährlichen Almanach ZWIEBEL:
Verlag Klaus Wagenbach, Ahornstraße 4, 10787 Berlin